ANGRY MEN AND THE WOMEN WHO LOVE THEM

화내는 남편 상처받는 아내
지은이 폴 헥스트롬 • 펴낸이 황성연 • 펴낸곳 글샘 출판사 • 등록번호 제8-0856호 (2008) • 주소 서울특별시 동대문구 청량리동 45-8 • 총판 하늘물류센타 (전화번호 031-947-7777 / 팩시밀리 031-947-9753) • I S B N 978-89-913-5810-2 (03230)

초 판 1쇄 2008년 10월 6일

지은이와의 협의에 따라 인지는 생략합니다. 잘못된 책은 바꾸어 드립니다.
이 책에 실린 글은 저작권법에 의해 보호를 받는 저작물이므로 무단전제와 무단복제를 금합니다.

글샘은 가정사역을 위한 하늘기획의 또 다른 이름입니다.

화내는 남편 상처받는 아내

폴 헥스트롬 지음 | 이남종 옮김

Angry Men and the Women Who Love Them
By Paul Hegstrom
Copyright © 1999
Published by Beacon Hill Press of Kansas City
A division of Nazarene Publishing House
Kansas City, Missouri 64109 USA

This edition published by arrangement
with Nazarene Publishing House.
All right reserved.

본 저작물의 한국어판 저작권은 도서출판 하늘기획이 소유합니다.
저작권법에 의해 한국 내에서 보호를 받는 저작물이므로 무단 전재와 무단 복제를 금합니다.

나의 여섯 손자들에게 이 책을 헌정한다.
그들은 나의 여러 허물과 반복적인 폭력 행사로 인해
정서적이고 육체적인 면에 상처를 입어야
했던 가정에서 자랐다.

| 감사의 글 |

나와 함께한 모든 분들에게

　이 책을 쓰는 데 있어 내게 격려와 지원을 아끼지 않았던 여러분께 감사를 드리고 싶다. 이 책을 쓰는 일은 나로 하여금 비참한 경험으로 돌아가게 하는 일이기도 하다. 왜냐하면 과거에 가슴 아팠던 일들과 새롭게 회복되었던 일들을 회상해야 하기 때문이다.

　나의 아내 쥬디는 이 글을 기록하는 동안 항상 도움을 아끼지 않았으며, 결혼한 이후 줄곧 내가 나의 재능을 올바로 발휘할 수 있도록 해 주었다. 그녀와 결혼하여 타미(Tammy), 하이디(Heidi), 그리고 제프(Jeff) 세 자녀를 두고 있다.

　또한 워커(Lenore Walker)에게 감사의 말을 전하고 싶다. 그는 가정 폭력 분야에서는 선구자적 역할을 담당한 분인데, 내게 도움이 절실하게 필요했던 지난 1970년대에 그는 나에게 절대적인 힘이 되어 주었다.

　나의 연구와 인생에 영향을 주었던 다른 사람들은, 미네아폴리스(Mineapolis) 주에서 가정 폭력 분야 및 가족 학대 프로젝트 분야에 종사하는, '인명록(人名錄)'에 기록되어 있는 사람들이다.

　특별히 일리노이(Illinois) 주의 샴페인(Champaign) 카운티의 르발(Mary Rebar)씨에게 감사를 드리고 싶다. 그녀는 본서의 구성, 그리고 법정 체제와 피해자 서비스를 위한 지식을 명확하게 제공해 주었다.

내가 다녔던 교회의 목사, 스티어만(Tim Stearman) 역시 언급하지 않을 수 없다. 그분은 다른 사람들이 나의 회복에 대해 의구심을 갖고 있었던 1989년에도 나를 신뢰해 주셨다. 또한 쇼월터(Showalter) 역시 언급해야 하겠는데, 이분은 이 회복에 대한 보증인이 되어 주셨다. 스티어만 목사님은 지금까지 내가 알고 있는 한 가장 훌륭한 목사님이시다.

페리(Bonnie Perry)와 라이트(Jonathan Wright), 이 두 분은 본서의 저술과 편집에 늘 나와 인내심을 갖고 함께 하면서 도와주었다. 이분들께 충심으로 감사를 드린다.

마지막으로 이 책과 관련된 모든 분들께, 감사를 드리는 바이다.

| 추천의 글 |

혼자 조용히 아파하는 이웃에게

가정폭력이란 친밀한 배우자를 조롱하거나, 모욕하거나, 힘을 행사하고 통제하기 위하여 공격적이며 강압적인 행동을 반복하거나 완력을 사용하겠다고 위협하는 것을 일컫는다. 뺨을 때리거나 주먹질하는 것으로, 고함이나 욕설로, 구타하는 것을 목도하는 것으로, 실망과 두려움과 수치심의 후유증으로 나타난다. 가정폭력은 전 세계적으로 아내들이 상처를 입고 사망하는 가장 주된 원인으로 알려져 있다.

가정폭력에 대한 잘못된 인식 6가지

(1) **가정폭력은 사적인 문제다?** 가정폭력으로 사랑하는 사람이 사망하면 그것은 모든 사람의 일이 된다. 이로 인해 사회가 치르어야 할 대가는 엄청나다. 이를 목격하고 자라난 자녀는 다음 세대의 학대자 또는 피해자가 된다. 자살할 가능성이 6배가 높고, 성폭행을 할 가능성이 24배가 높고, 마약이나 알코올을 남용할 가능성이 50%이고, 타인에게 범법행위를 저지를 가능성이 74%나 된다.

(2) **여자가 폭력을 촉발한다?** 가해자는 자기 행동에 대해 책임을 지지 않고 투사하는 성향이 있다. 설령 아내가 잘못 했다 해도 폭력은 적절한 반응이 아니다. 장소를 뜨거나 외부의 도움을 요청하거나 대화로 해결책을 찾을 수 있다. 폭력은 절대로 적당한 반응이 될 수 없다.

(3) 알코올과 마약이 가정폭력을 야기한다? 마약과 알코올이 종종 폭력과 동시에 발생하기는 하지만, 술이 폭력을 야기하는 것은 아니다. 오히려 상대에 대한 힘과 통제의 욕구가 폭력의 뿌리인 것으로 드러나고 있다.

(4) 폭력은 갑자기 이유가 없이 발생하는 것이다? 갑자기 통제력을 상실하는 것이 아니라, 사랑하는 배우자를 통제하기 위해 사용되는 체계적인 행동유형으로 시간을 두고 발전하고 격화되는 것이다.

(5) 폭력과 학대는 언제나 신체적으로 나타난다? 폭력하면 우리는 신체적인, 또는 성적인 폭력을 연상한다. 그러나 폭력은 언어적으로, 정서적으로, 경제적으로, 영적으로 나타나기도 한다. 상대 피해자로 하여금, 건강한 관계를 갖지 못하게 하고, 경제적 독립을 어렵게 하며, 자기 가치감과 자주결단력을 떨어뜨리고, 자신과 자녀의 안전에 대해 늘 두려움을 갖게 한다.

(6) 폭력적인 남자는 변화될 수 없다? 변화는 문제를 시인하는 것으로 시작된다. 자기 행동에 대해 책임을 지기 시작하면 변화는 일어난다. 그러나 진정한 변화는 시간과 많은 노력을 요구한다.

1980년대까지 여성과 어린이를 보호할 법이 별로 없었다. 처음에는 아내가 폭력의 원인으로 지목되었다. 그때나 지금이나 남편의 폭력에 무기력한 아내들은 우울증에 시달리고 있다. 교회는 더 순복하라고 가르쳤다. 이는 반대효과를 낳았다. 자기주장적 태도도 폭력을 가중시켰다.

가정 및 결혼상담(부부상담)이 대안으로 떠올랐다. 의존중독, 의사소통, 갈등해소 등 관계 속의 문제가 폭력의 원인으로 부각되었다. 아내는 폭력을 누설하면 더 많은 폭력에 노출되었다.

분노관리가 새로운 대안으로 부각되었다. 통제되지 않은 분노가 폭력의 원인으로 제시되었다. 모든 폭력 행위자가 상대를 통제하기 위해 폭력을 사용하는 것이 아니다. 어떤 사람은 분노의 감정을 표현하지 않고 기계적으로 잔인하게 아내에게 고통을 가하고 수모를 준다. 낮은 자존감, 통제욕구가 하나의 원인이며, 폭력은 근원가정에서 폭력을 목도하면서 습득한 학습된 행동이기도 하다.

폭력은 범죄행위이다. 가해자를 감옥에 수감하고, 피해자는 쉼터에서 보호를 받을 수 있게 되었다. 사상 처음으로 가해자가 가정폭력의 원인으로 인정을 받게 되었다. 가정폭력범을 교육하고 상담하는 가정폭력재발방지교육프로그램(domestic violence intervention program)이 개발되어 시행되고 있다.

가해자 남편은 수치심과 두려움에 빠져있고, 피해자 아내와 자녀들은 덫에 걸려있는 기분이고, 고립감과 수치심, 그리고 절망감을 느끼고 있다. 가해자의 회개와 가족관계에서의 "상호책임"(accountability)이 사람을 변화시킬 수 있다.

하나님은 구부러진 막대기를 사용하셔서 직선을 그리신다는 말이 있다. 이 책의 저자 폴 헥스트롬도 한 때 아내를 학대하던 가정폭력행위자였다. 그는 분노중독자였으며, 아내를 상습적으로 때리던 가정폭력행위자였다. 살인미수와 징역에 직면하면서, 밑바닥을 친 저자는 전문가의 도움을 받으며 치유와 회복을 경험하게 되었다. 저자는 이 책에서 자기 이야기를 배경으로 폭력의 이론과 회복의 실제를 다루고 있다. 이 책은 독자에게 가정폭력의 악순환의 굴레를 벗어날 수 있는 해답을 명쾌하고 속시원하게 제시하고 있다.

나는 가족관계연구소장으로 YWCA와 가정법률상담소 등에서 실시하는 가정폭력행위자들을 위한 교육과 상담에 여러 차례 참여하면서 이 분야의 적절한 교재가 없어 안타까움을 느낄 때가 많았다. 이 책이 출간됨으로 가정폭력의 행위자와 피해자 모두를 도와줄 수 있게 되었다. 이 책은 미국문화를 바탕으로 쓰여졌다. 그러나 분노와 폭력은 모든 문화에서 발견되는 보편적인 문제이다. 소망과 열린 마음으로 이 책을 읽음으로 행위자는 자신을 이해하고 수치심과 죄책감과 분노의 원천을 진단하며 폭력적 삶을 극복할 수 있을 것이고 행위자와 함께 생활하는 가족들은 그들을 이해하고 협조하여 회복시킬 수 있는 대안을 발견하게 될 것이다.

좋은 책이라 생각되면 주변에 "조용한 절망 속에서" 아파하는 이웃에게 이 책을 소개하여 우리 사회를 사랑과 행복이 넘치는 사회로 만드는데 동참해 주시기를 부탁드린다.

가족관계연구소장; 가정사역학회 초대회장;
전 침신대 상담심리학 교수;

정동섭 Ph.D.

CONTENTS

■ 감사의 글 • 6
■ 추천의 글 • 8

1 장 _배 경 • 15
    폴(Paul)의 이야기 / 쥬디(Judy)의 이야기

2 장 _광범위한 가정 폭력 • 43
    폭력의 정의

3 장 _폭력에 대한 정의 • 71
    폭력을 행사하는 남자의 공통된 특징 / 폭력을 당하고 있는 여자들의 일반적 특징 / 폭력 가정에서 자란 어린 아이의 일반적 특성 / 왜 남자들은 폭력을 휘두르는가?

4 장 _유년기의 상처 • 93
    어떻게 아이의 정서적 성장을 도울 것인가? / 종합적 관찰

5 장 _반응적 삶의 형태 ● 113
　　거부 / 새로운 삶 만들기

6 장 _수치감, 죄책감, 그리고 분노 ● 131
　　수치감과 죄책감, 무엇이 다른가? / 죄책감은 당신의 행위에 대한 것이지만, 수치감은 당신 자체에 대한 것이다 / 분노의 형태들 / 해결

7 장 _건강한 관계 세우기 ● 149
　　건강한 관계를 위한 단계들

8 장 _함께 생각해 볼 문제들 ● 169
　　폭력을 당하는 아내들이 제기하는 질문 / 폭력을 행하는 남편이 제기하는 질문 / 교회는 무엇을 할 수 있는가? / 교회 목사와 상담자들이 제기하는 질문들

■ 참고문헌 ● 212

남편은 그 아내에 대한 의무를 다하고 아내도 그 남편에게 그렇게 할지라 (고전7:3)

1장 배경

그러나 폭력 상황은 결코 그 자체로는 해결되지 않습니다.
문제는 우리에게 있습니다. 우리가 변화되기를 원해야 하는 것입니다.
우리가 변화되기를 소원할 때, 하나님께서는 우리가 과거의 행동들을 바꾸는 것을 도와주십니다.

폴(Paul)의 이야기

나의 아버지는 설교 강단에서는 말씀을 잘 하는 분이셨지만, 정작 집에서는 그렇지 못한 분이셨다. 아버지는, 심지어 내가 5, 6살 밖에 되지 않았을 때마저도, 출근하실 때 단지 내게 손을 내밀어 악수를 해 주시는 것이 고작이었다. 당시 나는 아버지께서 나를 번쩍 들어서 가슴에 품어 주시거나 허리를 굽혀 팔로 나를 감싸 안아주시기를 간절히 원했는데 말이다. 그럼에도 불구하고 어쨌든 나는 평온한 기독교 가정의 삶을 누리며 자랐던 것으로 기억된다.

내가 목회자 가정의 어린 아이로서 가질 수 있었던 하나의 특권이 있었다면, 그것은 교회에 찾아오시는 선교사님들을 만나는 일이었다. 이들 가운데서 아프리카 선교 사역에 거의 반평생을 보내셨던 루이지 챕만(Lousie Chapman)이라는 여선교사님은 어린 내게 큰 감동을 주셨다. 이분은 아프리카 원주민들에 대한 의술 활동과 맘바(남아프리카에 사는, 코브라 과에 속하는 독사)에 대한 이야기를 해 주셨으며, 또 그녀가 믿는 전능하신 하나님께서 많은 죽을 고비에서 자신생명을 어떻게 구원해 주셨는지에 대한 말씀도 해 주셨다.

어느 날 저녁, 나는 "챕만 선교사님, 하나님께서 선교사님을 선교 사역에 부르실 때 느낌이 어떠하셨나요?"하고 질문했다. 그녀는 이 질문에 대해 9살 된 아이도 이해할 수 있는 쉬운 말로 설명해 주셨다. 그 이야기를 들은 나는 눈물을 그렁거리며 "챕만 선교사님, 그런 일은 제게도 언젠가 한번 일어났던 적이 있어요."하고 말했다.

그러자 선교사님은 물으셨다. "그래? 그러면 넌 하나님이 너를 보내기 원하시는 곳으로 기꺼이 갈 수 있겠니?"

나는 대답했다. "예, 전 하나님이 원하시는 어떤 것도 할 마음이 되어 있어요. 저는 예수님을 위해 살기를 원해요."

이 말을 들으시고 선교사님은 내 이마에 손을 얹으시고는 나를 위해 기도해 주셨다. 그 날 저녁에 나는 하나님께서 나를 그의 나라의 일꾼으로 불러주셨다는 사실에 너무도 고무되어 있었다!

그러나 하나님의 대적인 사탄은 이런 나를 가만히 놔두지 않았다. 내가 내 인생에 대한 하나님의 부르심을 받아 들인지 6개월 후에, 나는 한 남자 어른에 의해 성폭력을 당했다. 그 즉시 나는 내 자신에 대해 예전과는 다른, 더럽고 추한 느낌을 갖게 되었다. 이때 나는 과거에 내가 하나님께로부터 받았던 부르심에 대해 회상하면서 하나님께서는 결코 나와 같은 "더러운" 소년을 사용하지 않으실 것이라는 결론에 이르게 되었다. 나는 이 사실에 대해 부모님께 말씀드리고자 했지만, 1950년대는 우리가 이런 문제에 대해 터놓고 자유로이 말할 수 있는 시대가 아니었다. 당시에는 "섹스"라는 말을 입에 담는 것만으로도 꾸지람을 들었기 때문이다.

이 일이 있은지 6개월 후에, 나는 이 문제에 관한 대화를 처음으로 시도하기 위해 어머니께 거짓으로 질문을 해보았다. "엄마, 만일 저 아래 살고 있는 데이빗이 어떤 남자 어른에게 성폭력을 당했다면, 걔는 어떻게 될 것 같아요?"

그러자 어머니는 대뜸 이렇게 말씀하셨다. "뭐라고, 그러면 넌 절대 데이빗과 놀아서는 안 돼."

나는 여쭈었다. "왜 그렇게 해야 하는데요?"

어머니는 내게 대답하기를, 데이빗은 이제 "요주의"(要注意) 인물이 될 것이라고 하셨다. "데이빗은 이제 타락했고, 그래서 끝장났어. 걔는 어린아이가 알아서는 안 되는 사실을 알아 버리고 말았어. 넌 결코 걔하고 놀아서는 안 된다. 알았지?"

나는 나의 친구 데이빗에 관한 "가상적 이야기"를 통해 내 문제에 대한 해답을 찾아보고자 했지만 실패하고 말았다. 결국 이 문제는 나의 잠재의식 속으로 들어가 꼭꼭 숨어 지내게 되었고 나는 9살부터 40살에 이르기까지, 내가 성폭력을 당한 사실에 대해 완전히 망각하며 지냈다.

나는 이성(異性)과 교제를 시작했을 때 늘 화가 난 상태였으며 폭력적이었는데, 이것은 의심할 바 없이 내가 어릴 때 당했던 성폭력에 대한 잠재의식 때문이었다. 나는 이런 성폭력을 한번이 아니라 여러 번 당했던 것이다.

내가 쥬디(Judy)를 만난 것은 우리 가족이 그녀가 살고 있는 곳으로 이사 갔을 때였다. 당시 그녀는 13살이고, 나는 15살이었다. 그때 나는 그녀와 데이트를 하기 시작했는데, 이미 내게는 지킬과 하이드의 이중적인 성품이 있었다. 나는 아주 쾌활하고 잘 웃으며, 또 동네에서 재미있는 아이로 통했다. 하지만 나는 대인 관계가 엉망이었는데, 예민한 어린 나이에 당한 성폭력 사건으로 인해 나는 정신적 발달이 정지당해 있었기 때문이다.

쥬디와 내가 데이트를 할 때, 나는 그녀에게 폭력을 행사했다. 나는 정신적 발달이 중지되어 있었기 때문에, 어린 아이 같은 나는 나보다 더 어른스럽고 착해 보이는 그녀를 누군가가 나에게로부터 떼어가 버릴지도 모른다고 느꼈다. 그래서 나는 그녀가 나를 떠나 다른 사람에게로 가는 일이 발생하지 않도록 하기 위해 무의식적으로 그녀의 자존심을 무너뜨리려고 하였다.

쥬디와 나는 결국 결혼하게 되었는데, 그때 나는 19살이었고 그녀는 겨우 17살이었다. 나는 그녀를 소유하는 것이 필요하다고 생각했다. 우리는 함께 도망하고자 했지만, 그녀의 어머니가 우리의 이 계획을 눈치 채고는 내게 말했다. "만일 우리가 너희들의 계획을 포기시키려고 한다면, 너희는 다시 시도할 것이 틀림없어. 그래서 우리는 너의 아버지를 불러서 네가 내 딸하고 결혼하도록 말씀드려 보려고 한다."

우리는 토요일에 결혼했고, 그 다음 날인 주일에 벌써 나는 그녀에게 육체적, 정서적 폭력을 행사했다. 이러한 생활 방식은 16년 이상이나 지속되었다.

아무리 부정하고 싶어도 나는 내가 무엇인가 잘못되어 있음을 알았다. 나는 그러한 나 자신이 미웠다. 그래서 나는 목회자가 되면 그러한 나쁜 행동을 그만두게 될지도 모른다는 생각을 하게 되었다. 목회를 시작하게 된 동기가 이 얼마나 잘못된 생각에서 비롯되었는가!

그래서 나는 쥬디와 함께 아이오와 주의 작은 교회에서 목회를 시작했다. 나는 박살난 그릇과 같았지만, 교회는 점점 성장했으며 신자들도 늘어났다. 이것은 분명히 내가 아니라, 오직 하나님의 말씀 자체의 능력 때문이었다.

하지만 이렇게 목회를 하는 첫 6주 동안에도, 나는 나의 잘못된 행동을 멈추지 못했다. 작은 교회에서 목회를 했기 때문에, 나는 생계를 위해 마을 밖으로 나가 다른 일도 해야만 했다. 스트레스는 늘어났고, 그래서 나는 집에 돌아왔을 때 쥬디와 다투는 일이 더욱 많아져 갔다. 나는 목사관의 벽을 쾅쾅 쳐서 구멍들을 내면서까지 쥬디와 아이들을 위협하며 괴롭혔다. 때로 그녀는 욕실에 숨어 있기도 했지만, 나는 문설주를 뜯고 들어가서라도 그녀를 내버려두지 않았다. 그녀가 안전하게 지낼 수 있는 장소라고는 조금도 없었던 것이다.

이러한 행동은 3년 동안이나 지속되었다. 나는 이러한 삶이 정상적인 삶이 아님을 알고 있었다. 하지만 나는 내 삶을 통제할 능력을 상실하고 있었으며 따라서 변화시킬 수도 없었다. 내 속에는 지킬과 하이드의 이중 성품이 다시 그 추한 머리를 쳐들기 시작했던 것이다 나는 여러 번 교회의 제단 앞에 나아가 무릎을 꿇고 외쳤다. "하나님, 왜 저는 변하지 않는 것일까요? 왜 저는 이러한 상태로 내몰려야 한단 말입니까? 왜 저는 마음의 평정을 찾을 수 없을까요?"

아무런 응답이 없는 것 같았다. 그러자 나는 이런 생각이 들었다. "좋습니다, 하나님. 하나님께서는 저를 목회 사역으로 부르셨습니다. 하나님께서 쥬디를 올바르게 만들어 주시기만 한다면 저는 만족하겠습니다." 나는 실제로 이렇게 하나님께 기도했다. 즉 "하나님께서 쥬디의 머리를 계속 때려서라도 그녀가 순종하고 복종하는 아내가 될 수 있도록 깨우쳐 주십시오. 만일 하나님께서 그렇게만 해 주신다면, 저는 더 이상 지금같이 잘못된 행동을 하지 않을 것입니다." 나는 나의 문제를 그녀에게 전가시키고 있었던 것이다.

그러나 내가 올바로 살지 않고 있다는 사실을 알았을 때, 나는 더 이상 목회 사역을 감당할 수 없었다. 마침내 나는 교회와 나의 가족을 떠나고 말았다. 나는 하나님과 내가 믿었던 모든 신앙적인 것들로부터 등을 돌렸다.

쥬디와 나는 3년 반 동안 별거를 했고, 이어서 3년 반 동안은 이혼 상태로 지냈다. 이 기간 동안에도 나는 그녀에게 폭군 이상의 삶을 살았다. 나는 쥬디에게 너무도 심한 폭력을 가했기 때문에 그녀는 피해여성 보호소(Shelter)에 가서 경찰을 부르기까지 했다. 그 곳을 통해 그녀는 폭력을 당하는 여성으로서의 합법적인 권리를 알게 되었으며, 만일 그녀가 나를 법에 고발한다면 그 결과가 어떻게 될 것이라는 사실 또한 잘 알고 있었다. 나 역시 그러한 나의 행위가 살인 미수죄에 해당되며 최하 15년에서 최고 22년 동안 감옥에 갇혀 있을 수 있다는 사실을 익히 알고 있었다.

그녀는 내게 말했다. "만일 당신이 지금부터 12시간 이내로 갱생프로그램에 등록하는 것을 거절한다면, 난 내가 알고 있는 당신의 이름과 주소를 경찰에게 넘겨줄 수밖에 없어요."

나는 지정된 프로그램에 등록하지 않을 수 없었고 개인적으로 정신과 치료를 받았다. 이 프로그램은 내게 매우 유익했으며 내가 변해야 한다는 사실을 깨닫도록 해 주었다. 6개월이 지난 후에, 나는 다소간에 절제하는 사람이 되어 있었다. 그러던 어느 날, 나는 같이 프로그램에 참석한 사람들에게 이같이 말했다. "내가 만일 전처를 만나지 않았다면, 만일 여자 친구를 만나지 않았다면, 만일 내 부모를 만나지 않았다면, 만일 내 개를 만나지 않았다면, 만일 이러한 프로그램을 만나지 않았다면, 만일 이외의 다른 많은 것들을 만나지 않았다면, 나의 모든 것은 아마 달라졌을 거예요."

이 말을 들은 한 사람이 내게 말했다. "자넨, 문제가 그들에게 있지 않고 자신에게 있다는 사실을 언제나 깨달으려나?" 그러면서 그는 자신이 방금 내게 한 말이 큰 상처가 될 것이라는 짐작을 전혀 못하는 듯한 표정으로 나를 째려보고 있었다. 그 말에 격노한 나는 살인미수 죄로 기소되는 한이 있더라도 이 프로그램에 더 이상 참석하고 싶은 마음이 없어져 버렸다. 그 후 3일간 저녁마다 3시간씩 하나님께 화를 내면서 마루에 데굴데굴 구르며 바닥을 내리 치면서 고함을 질렀다. 그 내용은 대충 이런 것이었다. "성경에 기록되어 있는 다윗은 하나님의 마음에 합한 사람이었습니다. 하지만 그도 하나님의 계명을 어겼던 적이 있지 않습니까! 하나님은 누구든지 공평하게 대우하시는 분이라고 말씀하셨습니다. 저도 하나님께 늘 간구를 드렸는데 왜 제 기도는 들어주시지 않으십니까."

나는 성경에 기록되어 있는 위대한 믿음의 사람들과 그들의 죄를 모두 열거하면서 기도했다. "야고보서에서 하나님은 만일 제가 지혜를 구하면 지혜를 풍성하게 내려주실 것이라고 말하지 않으셨습니까?"

격노로 가득 찼던 나는 더 이상 흐를 눈물도 없어지고 목도 쉬게 되었고 이어서 내 자신에 대한 연민을 느끼게 되었다. 나는 너무도 고함을 질러 대서 나중에는 속삭이기조차 힘들만큼 목소리가 전혀 나오지 않게 되었다. 이때 내 마음 속에서 이런 음성을 들렸다. "하나님 아버지께서는 지혜를 구하는 너의 간구를 들으셨다. 하지만 폴, 넌 가르침을 받고자 하는 마음이 없구나."

나는 의아해 하면서 물었다. "왜 제게는 가르침을 받을만한 마음을 가질 수 있는 능력이 없는 것일까요?" 그러자 내 속에는 다시 어떤 강한 응답이 주어지는 것 같았다. "만일 네가 제대로 가르침을 받고 싶어 한다면, 하나님 아버지께서는 네게 먼저 너의 가정을 회복시킬 프로그램을 주실 것이다. 만일 그것이 잘 이루어지면, 하나님은 다시 이 나라와 세계 전역에 그것을 실행할 수 있도록 해 주실 것이다."

"하나님, 저는 가르침을 받을만한 능력조차 없음을 인정합니다. 그렇다면 하나님께서는 어떻게 저를 가르치실 수 있나요?"

하나님께서 이 문제와 관련하여 나를 가르치기 시작하셨을 때, 나는 하나님께서 내가 어린아이처럼 그에게 나아오기 원하신다는 사실을 알게 되었다. 이때 나는 정신적으로 성장하는 것이 필요했다. 드디어 나는 폭력 행위에 대한 책임이 오직 내게만 있다는 사실을 깨닫고는 다시 그 모임에 돌아가서 프로그램을 끝마쳤다.

몇 달 후에 나는 쥬디에게 전화를 해서 말했다. "쥬디, 내 삶에 어떤 일이 일어났어."

하지만 쥬디는 나와 어떠한 관련도 맺고 싶어하지 않았다. 그래도 그녀는 나를 만나는 데 동의하고는 나와 여러 시간동안 이야기를 나누어 주었다. 그녀와 나는 처음으로 친구가 되었다. 그로부터 11개월 동안 우리는 교제했다. 하나님께서 우리의 마음속에 역사하셨고 나를 성숙시켜 주셨다. 하나님은 또한 우리 두 사람에게 이전의 결혼 생활 때와는 다른 새로운 사랑을 주셨다.

서로 떨어져 있던 7년의 기간이 지나고, 마침내 쥬디와 나는 재혼을 했다. 그것이 지금으로부터 15년 전의 일이다. 그때 이후로 우리 사이에는 육체적, 감정적 학대와 관련된 단 한 건의 사고도 없었다. 예전과는 달리 우리는 서로를 공격하던 태도를 바꾸어 문제 자체에만 집중하여 해결하려 하였기 때문이다.

우리 아이들이 재혼 후 첫해의 크리스마스 때 집에 와서는 우리와 함께 아주 즐거운 시간을 보냈다. 스물 세 살 된 딸이 말했다. "아빠, 제가 다시 집으로 돌아와 살아도 괜찮을까요?" 나는 당연히 그래도 좋다고 대답했다.

내 딸은 몇 개월 동안 집에서 지낸 후에, 스물 두 살 된 여동생에게 말했다. "만일 아빠가 너를 집에 돌아오도록 한다면, 이건 정말 대단한 여행이야!" 두 시간 후에 둘째 딸이 첫째 딸의 제안에 응하면서 물어왔다. "아빠, 나도 집에 돌아와도 돼요?" 그리고 외아들인 제프는 스무 살에 집으로 돌아왔다. 이렇게 해서 결국 우리는 성인이 된 아이들을 다시 얻는 기쁨을 갖게 되었다. 지금은 그들 모두 결혼을 했고, 우리는 아주 귀여운 여섯 손자들을 갖게 되었다.

쥬디와 나의 삶은 체리를 담은 접시와 같지는 않았다. 그러나 많은 난관을 극복하고 이제는 가정폭력상담소를 만들어 "사는 것과 사랑하는 것을 배우는 삶의 기술"이라는 프로그램을 이끌어 가는 단계에까지 이르게 되었다. 지금 우리는 집에서 다른 사람들을 상담해주고 영적으로 성장시켜 주는 사역을 하고 있다.

쥬디(Judy)의 이야기

아이오와(Iowa)에서 개최된 10대 청소년 캠프의 첫 해에 있었던 일이다. 그 기간에 내가 참석했던 수업 가운데 데이트와 결혼에 관한 것이 있었다. 그 수업에는 과제가 있었는데 남편 혹은 아내에게 있으면 좋은 성품들에 대해 생각해오는 것이었다. 교사가 우리에게 각자의 생각을 나누어 보도록 했을 때, 오직 한 학생만이 말했는데, 덩치가 큰 폴(Paul)이라는 남자애였다. 폴은 그때 좀 엉뚱한 말을 했고, 모여 있던 남학생들은 모두 웃었으며 우리 여학생들은 그가 모자라는 아이라고 생각했다.

2개월 후에 폴은 우리 마을과 교회가 있는 곳으로 이사를 왔다. 여기서 나는 "나머지는 역사"라고 생각하는데, 하지만 폴과의 관계는 역사의 교훈을 주는 것이 아니라 그 반대로 어떻게 폭력 관계를 피해야 하는 지에 대한 예를 보여주는 것이다.

폴과 나는 교회 청년 그룹에서 사귐을 갖게 되었고 항상 나를 벼랑 끝으로 몰고 가는 듯한 긴장 관계가 지속적으로 반복되었다. 하지만 마침내 폴은 내가 아직 고등학교 3학년 학생에 불과한데도 결혼하자고 제안했다. 물론 내 부모님은 그런 어린 나이에 결혼을 하는 것에 대해서 반대를 하셨으며 폴이 결혼을 할 만큼 성숙해 있지 않다고 생각하셨다. 그러나 부모님은 결국 결혼 승낙을 하셨고 아주 가까운 가족들만 참석한 가운데 조촐한 결혼식을 올렸다. 폴의 부모는 결혼식 전날에 오셔서 그에게 결혼을 그만둘 것을 권했지만, 그는 나와 결혼하겠다는 결심에 변함이 없었다.

주일에 우리는 처음으로 하루 종일 즐거워했는데, 그러나 이 자리에 참석한 내 남동생이 폴과 언쟁을 벌이게 되었다. 나는 그들이 말싸움을 그만두도록 하기 위해 애썼지만, 폴이 고함을 쳤다. "이건 네가 참견할 일이 아니야!" 그는 나를 문밖으로 밀쳐내었으며, 그래서 나는 넘어지고 말았다. 나는 방금 결혼했던 남자에 대해 두려움을 갖기 시작했다. 나는 지금까지 그가 점잖은 사람이라고 생각했지만 그가 금세 폭력적으로 바뀔 수 있음을 알게 되었다. 나중에 폴은 사과를 했지만 그런 일에 간여하는 것은 내 잘못이라는 말을 덧붙였다. 나는 폭력을 당하고 비난도 함께 당하는 것을 처음으로 배우게 되었다. 곧바로 그의 행동은 나로 하여금 계란 위를 걷는 것 같은 느낌이 들게 했으며 그래서 나는 그 사람 앞을 지나가는 것이 두려웠다.

며칠 지나지 않아, 폴은 내 지능 문제로 비난을 퍼부었다. 그래서 나는 "미안하지만 우리는 아무도 당신만큼 뛰어난 머리를 갖고 있지 못해요"하고 쏘아 붙였다. 그러자 그는 손등으로 내 얼굴을 때렸고, 내 안경이 부서지면서 코를 찔렀다. 피가 흘러 내렸으며 그의 남동생은 보고만 있었다. 폴은 나를 병원으로 데리고 가고자 했지만 나는 그와 함께 있는 것이 두려웠다. 나는 폴에게 나를 친정으로 데려가 줄 것을 청했다.

폴은 나를 친정 집 앞에 내려놓고는 내 아빠가 그를 보기도 전에 떠나버렸다. 나는 아빠에게 그의 마음을 다치게 하는 일이 있어서는 안 된다고 간청했다. 즉 폴의 행위를 용서해주기를 바랐던 것이다.

그 후 몇 달 동안 우리는 고향을 떠나 네 번이나 이사를 다녔다. 폴은 경제권에 대한 책임을 지지 않으려 했다. 그래서 나는 햄버거 가게에 나가 일해야만 했다. 그곳에서만큼은 먹을 수 있었기 때문이다. 마침내 나는 아버지에게 전화를 걸어 생활이 너무 어렵다는 말과 친정으로 들어가고 싶다고 말했다. 하지만 내가 정말 원했던 것은 그것이 아니다. 나는 남편 폴이 직장을 구하고 나를 돌봐주기를 진심으로 원했다.

그 즈음에 나는 임신하게 된 사실을 알았다. 그러자 폴은 임신한 여자와 사는 것을 싫어했으며 캘리포니아로 일거리를 찾는다고 하면서 나가 버렸다. 목회자 자녀였던 폴은 자주 이사를 다니는데 익숙해 있었지만, 나는 그렇지 못했다. 그리고 이것은 계속된 이사의 시작에 불과했다. 나는 이사를 하는데 지쳤으며, 이러는 즈음에 또 다시 두 번째 아이를 갖게 되었다. 나는 폴에게 물었다. "우리는 언제 정착을 하여 안정된 삶을 살 수 있을까요?" 그는 화를 내면서 그가 대학에 돌아갈 때까지는 우리가 고생을 각오해야 할 것이라고 내게 말했다.

폴은 신학 학사 학위를 가지기 원했고 오클라호마(Oklahoma)에 있는 기독교 학교에 입학했다. 폴이 대학 2학년 때에 나는 세 번째 아이를 임신했고 그래서 우리는 학교 밖으로 나가야 했다. 폴은 집에서 50마일 정도 떨어진 곳에 일자리를 구했다. 그는 가장으로서의 역할을 다하려고 무척 노력했지만, 그의 옛날의 잘못된 습성이 되살아났다. 그는 돈을 아무렇게나 써버렸으며, 월세, 전화료, 전기료도 지불하지 않고 생활비마저 주지 않았다. 이웃 사람들이 그들의 차고에서 전기줄을 우리 집으로 연결해 준 덕분에 나는 밤에 겨우 아이들을 돌볼 수 있었다. 폴은 다른 사람들이 우리를 돌보아 주는 등 그가 부양해야 하는 책임을 대신 해 주고 있는데도 조금도 당황해 하는 기색을 보이지 않았다.

우리의 세 번째 아이인 제프(Jeff)가 태어났을 때 나는 우리의 상황이 호전되어 가고 있음을 느꼈다. 심지어 우리는 다른 부부와 함께 여행을 하면서 즐겁게 시간을 보내기까지 한 적이 있다. 그러나 폴은 너무 멀리 떨어져 있는 직장을 출퇴근하는 데 지쳐 있었다. 그래서 텍사스(Texas)로 이사해서 그곳에서 그의 꿈을 실현해보고자 했다.

텍사스 주에서 그는 라디오 업종에서 일했다. 그는 그것을 좋아했다. 꼭 1년이 되었을 때 그는 다시 이사하기를 원했다. 그래서 우리는 아이오와로 돌아왔고 폴은 라디오와 텔레비전 업종에서 일했다. 그는 또한 술을 파는 가게에서 파트타임으로 일했고 술을 마시기 시작했다. 우리는 그를 거의 보지 못했고, 우리가 그를 만나기만 하면 그는 어떤 형태로든 우리 모두를 괴롭혔다. 이런 상황에서 나는 이 남자가 내가 결혼해야겠다고 생각했던 그런 사람이 아니라는 사실을 깨닫게 되었다.

폴로 인해 나의 기쁨을 빼앗기는 일이 있어서는 안 된다고 결심하면서, 나는 다른 부부와 함께 여행할 계획을 세웠다. 여행 마지막 때에 폴은 공손한 모습을 취하고는 자신의 잘못을 주절주절 이야기하는 것이었다. 그의 뉘우침이 확실하다면, 나는 집에 돌아가 머물 작정이었다. 그러나 나는 그와 떨어져 혼자 지내기로 결정했다. 우리가 떠나는 날, 놀랍게도 그는 매우 봉사적이었다. 우리가 집으로 돌아왔을 때 그는 마치 다른 사람처럼 변해 있었다. 그는 그의 삶을 주님께 헌신하며 목회자로서의 부르심에 응하고자 했다.

폴은 한 작은 마을의 교회에 목회자로 초청을 받았다. 나는 우리의 삶이 변화될 것이라고 정말로 믿었다. 하지만 그때 폴의 어머니가 6주 동안 방문하여 지내면서 폴에게 좋은 목회자가 되려면 어떻게 해야 하는지에 대해 훈계했으며, 내게도 목회자의 아내로서의 올바른 역할에 대해 "희망적으로" 가르쳤다. 그러나 그녀가 돌아가자 폴은 다시 옛 모습으로 되돌아갔으며 심지어 과거보다 더욱 포악해졌다. 집에서 그는 나를 때렸으며, 벽에 구멍을 내었고, 가족을 멸시했다.

아이들이 자랐을 때, 나는 그들을 아버지인 폴의 폭력으로부터 보호하고자 했다. 때때로 우리는 교회의 어린 아이들이 우리 목사관 문 밖에 서서 우리의 대화를 듣는 것을 보았다. 폴은 한 아이의 아버지와 몇 번 대면하게 되었는데, 그때 그는 늘 화난 모습으로 그 아버지를 대하는 것이었다. 그 아이의 어머니가 한번은 소풍가는데 나를 초청해서는 폴에 대해서 몇 가지를 지적하면서 질문했다. 그 후 나는 이러한 대화 내용을 폴에게 말했는데, 그는 내게 다시는 바깥으로 나가지 말도록 명령했다. 그는 내가 교회 안에서 결코 친구를 가져서는 안 되고 무엇보다 자신에 대해서 일체 이야기해서는 안 된다고 했다.

목사관의 경험은 분명 나의 기대를 채워주지 못했다. 교회가 그에게 충분한 사례를 지불할 형편이 못되었으므로 폴은 마을 바깥에 나가 일했다. 목회 사역과 세상일의 이러한 이중 역할은 그로 하여금 큰 스트레스로 작용하여 결국 목회 사역을 그만 두도록 하였으며, 우리는 다른 마을로 이사 가야만 했다. 다른 마을에 도착했을 때, 우리는 가까운 모텔에 묵었다. 그러나 폴은 우리와 함께 모텔에 머물 수 없다고 말했는데, 이삿짐을 나르는 사람들이 내일 아침 일찍 도착할 것이기 때문이라는 것이 이유였다. 하지만 나중에 나는 그가 그날 저녁에 그의 여자 친구와 지냈다는 사실을 알았다. 그녀는 우리의 결혼 생활 동안에 그가 사귀었던 여러 여자들 가운데 마지막까지 남은 유일한 여자였다.

나는 폴의 이러한 행동을 비난하기보다는 내 자신에 대해서 비난했다. 나는 생각했다. "내가 만일 그를 행복하게 해 줄 수만 있다면, 어떤 일이든지 할 수 있어." 하지만 내가 아무리 외모에 신경을 쓰고 행동할지라도 그는 만족해하지 않았다.

폴은 그의 여자 문제에서 손을 떼지 않았다. 이윽고 나는 나의 남편이 나와 동일한 이름의 쥬디라는 여자에게 24송이의 장미를 보냈다는 사실을 알고는 망연자실해지지 않을 수 없었다. 나는 그로부터 단한 송이의 장미를 받아본 적도 없었기 때문이다.

마침내 폴은 나와 이혼할 것을 결심했다. 아이오와에서, 우리는 이혼하기 전에 상담자로부터 조언을 듣는 예비 이혼부부 교실에 참석하였다. 이곳에서 나는 상담자가 우리를 도와줄 것이라고 잔뜩 기대했다. 그 상담자는 우리가 우리의 문제에 대해서 그에게 말하도록 했다. 그러나 내가 말할 때마다, 폴은 그것에 대해 교활하게 반박했다. 수업

이 끝날 즈음에, 폴은 내가 정신적 질병을 앓고 있는 것처럼 상담자를 속였다는 사실을 알고 나는 울었다. 상담자는 우리에게 전문적인 상담을 받아야만 결혼이 지속될 수 있을 것 같다고 하면서, 만일 우리가 이혼하기를 원한다면 그는 동의할 것이라고 말했다. 나는 낙담했지만, 폴은 몇몇 이유로 나와 이혼을 하려 하지 않았다.

우리는 다시 이사를 했는데, 폴은 목회자였던 아버지가 죽은 후에 그의 부모들이 취했던 모든 행동 방식들에 대해 반대했다. 그는 가정을 떠나 미니애폴리스(Minneapolis)로 이사를 하여 살았으며, 아주 가끔씩만 우리를 찾아 왔다.

나는 이사하는 일과 "반복되는 새로운 시작"에 지칠 대로 지쳐 있었으며, 아이들은 삶의 근거가 뿌리째 뽑히는 것을 여러 번 경험했고, 지속적으로 사귀는 친구가 있을 수 없었다. 나는 폴을 변화시켜보려 노력했고 그의 감정을 조절하는 것을 도와주려고 했지만, 그는 자신이 필요로 하는 것만 내게 말하였다. 그는 자신이 혼자 생각하면서 지내기를 희망했으며, 우리를 아이오와로 다시 보냈다. 그곳에서 나는 집과 직장을 구했고 아이들을 학교에 입학시켰다.

다음 한해는 그런 대로 견딜 만 했다. 폴이 우리에게 경제적 도움을 주지는 못했지만, 아이들과 나는 한 해가 끝날 때까지는 함께 행복하게 지냈다. 그런 후에 폴은 미네소타에서 우리에게 돌아와서 함께 살기를 원했다. 그는 자신이 우리를 그리워하고 있었다는 사실을 믿게 하고자 했지만, 우리는 공포에 떨고 있었다. 하지만 나는 그가 돌아오는 일에 동의해주는 잘못을 범하고 말았다. 폭력은 매일같이 일어났다. 가족 중 누구도 그로부터 자유롭지 못했다. 가정을 제대로 꾸려 나갈 수 없었으며, 나는 너무도 초라하게 옷을 입고 다녔으며, 너무도 살이 쪘으며, 몰골이 형편없었으며, 너무 말을 많이 했으며, 올바로 말하지 못했으며, 살아가는 데 필요한 돈을 충분히 벌지 못했다. 나는 마치 감옥에 갇힌 사람처럼 느껴졌다. 심지어 폴은 내가 전화를 받지 않는다고 늘 주장했다. 그는 내가 전화를 받았는데도 전화를 제대로 받지 않았다고 했던 한 날을 나는 기억한다. 그 날 그는 나를 부엌 마루에서 벽으로 냅다 처박았다. 아이들이 거기 서 있었는데, 그들은 경악해서 소리를 질렀다. 그는 그들에게 그들의 방으로 가라고 고함을 치고는 그들을 뒤따라갔다.

폴은 다시 내게 다가와서는 "사랑해"하고 말했다. 그리고는 나를 방에 던져 넣다시피 한 후에 곧바로 내게 아주 친밀한 것같이 행동했는데, 이렇게 했을 때 나의 몸은 뻣뻣하게 굳어 있었다. "잠자리에 가서 해결하자." 이것이 바로 폴이 우리 사이의 문제를 풀어 가는 방식이었다.

나는 무척 지쳐 있었다. 폴은 나를 괴롭혔으며 그의 방식을 계속해 나갔지만, 나 역시 내 방식을 고집했다. 내가 굴복하지 않자, 그가 나를 주먹으로 강타하는 바람에 나는 호흡이 멎을 뻔했다. 폴은 안방을 걸어 잠갔고, 그러자 아이들은 바깥에 서서 울면서 내가 모두 옳다고 소리쳤다. 결국 나는 울기를 멈추고 내가 스스로 다치게 된 것이라고 크게 말했다. 하지만 아이들은 바보가 아니었다. 단지 힘이 없었을 뿐이었다.

나는 폴에게 더 이상 폭력을 행사하지 말라고 부탁했다. 그는 늘 거짓말과 그의 잘못을 숨기는 일에 능수능란했다. 하지만 그의 술책은 결코 완벽하지 못했다. 그는 내가 어떤 직장에서 일을 그만두도록 한 적이 있다. 나는 그 이유에 대해 내가 돈을 많이 벌어 오지 못했기 때문에 그런 것이라고 생각했는데, 사실은 그의 여자 친구가 바로 그 직장에서 일하고 있었기 때문이었음을 나중에서야 알게 되었다. 또한 집에서 음란서적을 발견했는데, 그는 자기 친구 것을 우리 집에 숨겨 두었다고 둘러댄 적도 있다.

주일 아침마다, 그는 "고객들"에게로 간다고 정장을 했다. 심지어 추수감사절 때에도 그는 가족과 함께 식사를 하지 않은 채 잊어버린 회사 심부름을 하기 위해 외출해야 한다고 했다. 물론 실제로는 그의 여자 친구 집에 가서 다른 사람들과 추수감사절 식사를 하기 위해서 그렇게 한 것이었다. 하지만 그는 왜 그의 호주머니에 나뭇잎들이 들어 있었는지 따지는 나의 추궁에 대해 제대로 이유를 밝히지 못했으며 불법적인 마약을 몰래 하느라 어쩔 수 없이 그렇게 되었다는 구실을 대었다.

다음번에는 아이오와로 이사를 가게 되었는데, 이때 그는 우리와 차로 함께 갈 수 없다고 말했다. 우리가 새 집에 도착했을 때 그는 이미 와 있었는데, 그가 몰고 온 밴은 거의 텅 비어 있었다. 그는 미네소타에 있는 집을 보기 좋게 꾸며서 좋은 값에 팔려고 가구들을 남겨 두었다고 말했다. 나는 미네소타의 미니애폴리스에 우리 소유의 집이 있다고 생각하지도 않았는데, 폴의 이 말을 듣고는 황당하기만 했다.

그곳에서 우리의 삶은, 폴이 있든지 없든지 간에, 겨우 생계를 꾸려갈 만큼 거의 밑바닥 수준이었다. 나는 직장을 구하지 못했으며, 먹을 것마저 없었다. 사회복지국(Social Services)에서는 이혼이 되어 있지 않고 가장이 있는 가정에게는 공식적인 지원을 해 줄 수 없다고 했다. 교회의 한 부인이 우리에게 식료품 한 자루를 주기도 했다. 우리는 너무도 빈궁했지만, 폴은 많은 돈을 벌면서도 가족의 생계를 위해서는 도움을 주지 않았다.

다른 여러 학대와 더불어, 육체적인 학대가 계속되었다. 그가 우리 가정을 떡 주무르듯이 마음대로 했지만, 나는 아이들과 나만 있을 때는 아주 행복했다. 아이들과 나는 종종 매우 기쁜 시간들을 가졌으며 주위에 폴만 없으면 즐거운 삶을 살 수 있었다.

어느 날 폴이 미네소타에서 그의 물건들로 가득 찬 트럭을 끌고는 아이오와에 있는 우리 집으로 왔다. 그는 자기 집에 있는 물건들이 도둑질을 당해 남은 물건들을 우리 집에 남겨 두고 미네소타로 되돌아갈 것이라고 말했다. 나는 나중에 그녀의 여자 친구가 그에게 결혼하자고 압박을 하는 바람에 그녀가 없는 사이에 그의 물건들을 안전하게 보호하기 위해 우리 집에 옮겨 둔 것이라는 사실을 알게 되었다.

폴은 우리에게서 떠나 혼자 살고 있는 동안에도, 우리의 삶을 주관했다. 한번은 전화세를 지불하지 못해 전화 서비스가 중단된 적이 있었다. 그런데도 폴은 매일 나와 이야기하고자 했으며 그래서 나는 두 블록 떨어진 공중전화 박스에 가서 그 공중전화로 그의 전화가 오는 것을 기다려야만 했다. 그는 자기가 전화를 걸 것이라고 말한, 그래서 내가 기다릴 것이라고 예상되는 그 시간에는 늘 전화를 하지 않았다. 그리고는 그가 전화를 했을 때 내가 그 자리에 없었다고 격노했다.

그는 마침내 우리가 사는 집으로 짐을 싸들고 이사 왔는데, 그의 짐을 풀다가 나는 그 짐들 속에서 접혀져 있는 종이를 발견하고는 그것을 개봉해 보았다. 그 종이 서두에 "남편 헥스트롬과 아내 헥스트롬"이라는 제목의 글자를 보고는 가슴이 철렁 내려앉았다. 나는 그 말이 무엇을 의미하는지 정확하게 알 수 없어 편지 위에 인쇄되어있는 변호사에게 전화를 걸었다. 변호사는 말했다. "죄송하지만 부인, 부인께서는 이혼을 당하셨습니다."

나는 말했다. "어떻게 그런 일이 있을 수 있나요? 나는 이에 대한 서류를 받아보거나 법원에 간 적이 없습니다."

그는 대답했다. "남편 헥스트롬씨는 부인께서 어디에 사는지도, 어떻게 연락을 취해야 하는지도 모른다고 말씀하셨습니다. 그래서 우리는 부인께 이 사실에 대해 통지할 수 없었습니다."

나는 전화가 끊겨 있었기 때문에, 변호할 기회도 얻지 못하고 이혼 선고를 당했으며 이에 대한 어떠한 통보도 받지 못했던 것이다.

내 인생 가운데 이처럼 충격을 받은 적은 없었다. 나는 그저 흐느껴 울기만 했다. 나는 이혼 당했으며 남편 폴은 그 사실을 내게 말해주지도 않았던 것이다. 내가 폴을 만났을 때, 그는 양심의 가책을 느끼는 모습을 조금도 보여주지 않았다. 그는 마치 그가 나를 파멸시킴으로써 내가 스스로 떠나기를 바라는 것만 같았다. 그렇게 되면 그는 우리의 결혼이 실패하게 된 것에 대한 비난이나 책임을 떠안지 않게 될 것이었기 때문이다.

나는 너무도 큰 상처를 받은 나머지 정말 죽고 싶었다. 나는 그가 사는 곳으로부터 멀리 떨어진 곳, 그래서 그의 얼굴을 다시는 만나기조차 힘든 안전한 곳에 집을 구하고 싶었다.

지난 일을 생각하면, 나는 수년 동안 그의 비행을 눈감아 주는 얼간이에 지나지 않았다. 하지만 나는 혼자가 되었다는 사실에 큰 두려움을 느꼈다. 나는 아이들을 키울 수 있는 돈을 충분히 벌지도 못했고, 그래서 안정된 삶을 갖기를 원했다. 말하자면, 나의 부모 집에서 산다든지, 정부가 제공하는 돈으로 사는 것을 원했다.

결혼하고 지금까지 늘, 나는 어떤 신비한 일이 발생할 것으로, 즉 언젠가는 폴이 변해서 가정을 가지기를 원할 것이며 "정상적"이 될 것이라고 희망했다. 하지만 마침내는 이것은 한낱 헛된 망상에 지나지 않았음을 알게 되었다. 나는 완전히 무기력해졌고 탈진 상태에 빠지고 말았다. 나는 경제적으로, 정신적으로 이 곤경을 어떻게 헤쳐 나갈 수 있을 지 걱정되었다.

내가 부모님께 전화를 드리자, 부모님은 우리가 친정집으로 와서 살도록 해 주셨다. 나는 부모님의 도움이 필요했다. 나는 마음을 강하게 먹어야겠다고 생각했지만 현실적으로 그렇게 하지는 못했다. 아버지는 나를 돕고 있는 동안, 하루는 폴을 만났다. 아버지는 폴에게 말했다. "자네는 결혼 기간 내내 내 딸을 무섭도록 괴롭혔어. 도대체 자네의 문제는 무엇인가?"

그러자 폴은 그의 안경을 식탁 위로 냅다 던졌고 우리는 공포에 사로잡혀 그가 아버지를 공격할지도 모른다는 생각에 두려워 떨었다. 하지만 폴은 그의 눈을 감더니 울기 시작했다. 나는 사랑과 증오를 동시에 느꼈다. 나는 그를 위로하고 싶었지만, 혹시라도 그러한 행동이 그에게 나의 미안함을 표시하는 행동으로 오해될까봐 가만히 있었다. 나는 또다시 스스로 비난받을 수 있는 모습을 보여주고 싶지 않았다. 신뢰할 수 없는 그에 대해서 더 이상 관심을 기울여서는 안 되었던 것이다.

그 주에 우리는 새 집으로 이사를 갔고 그곳에서 우리는 새로운 환경과 자유를 누리게 되었다. 그러는 동안 나는 영적 문제로 씨름하기 시작했다. 전능하신 하나님께서 왜 폴을 변화시켜주실 수 없는지 의문스러웠다. 왜 하나님께서는 거의 죽을 힘을 다해 드리는 나의 기도를 들어주시지 않는 것일까? 하나님께서는 내 영혼이 감당하기 힘든 고통과 짐을 지도록 그냥 내버려두는 분이 아니지 않은가?

그런데 어느 날 밤에 하나님께서는 이렇게 말씀하시는 것이었다. "폴이 되돌아오도록 기도하지 말고 그의 영혼을 위해서 기도하라!"

나는 나의 시간을 낭비하고 싶지 않았다. 나는 폴이 변할 수 있다고 믿지 않았다. 나에게 그토록 상처를 준 사람을 위해 기도한다는 것은 내가 바라는 것과 전혀 반대되는 일이었다. 나의 "사랑"이 상처를 입었기 때문에 그를 미워하는 것은 그만큼 더욱 쉬웠다.

그럼에도 불구하고 나는 주님께서 내게 원하시는 것을 행하기로 결심하고, 폴을 주님께 의탁하고는 그의 영혼을 위해 간절히 기도했다. 주님께서는 폴이 일찍부터 주님의 것이었으며 주님께서 그가 되돌아오는 것을 원하고 계신다는 사실을 내게 다시 한 번 확신시켜 주셨다.

외적으로는 폴을 하나님께 의탁한 지 몇 주가 지나서, 나는 그에 대해 더 이상 별다른 감정을 갖지 않게 되었다. 나는 혼자가 되었음에도 내 인생을 유지해 나갈 수 있었다. 그것은 내가 지금까지 결혼 생활을 하면서 살아온 것보다 훨씬 나은 삶이었다. 나는 내가 이처럼 자립적으로 삶을 꾸려 나가는 모습을, 내가 얼마나 가치 있는 사람인지를, 내가 얼마나 똑똑한 두뇌의 소유자인지를, 그리고 다른 사람들과 내 자신에게 얼마나 인정받을만한 인물인지를, 폴이 보기를 바랐다.

나는 교회로 돌아왔지만 그곳은 내가 있을만한 장소가 못 된다는 사실을 느꼈다. 내가 이혼한 사실을 교회사람 모두가 알고 있음을 감지했다. 너무 너무 당황스러워 교회 뒷좌석에 앉았다. 나는 마치 어떤 질병이라도 걸렸으며 그래서 아무도 내게 가까이 오려고 하지 않는 것 같은 느낌을 받았다.

나는 나의 신용을 세워나가려는 마음을 먹고는 신용카드를 신청하여 주의해서 사용했다. 내 자신의 신용이 쌓여져 나가자, 나는 스스로에 대한 어떤 성취감을 느끼고는 기분이 좋았다.

어느 날 폴이 내게 전화를 해서는 그와 함께 만날 수 있는지를 물어왔다. 나는 거절했지만, 그는 계속 전화했다. 마침내 나는 일과 후에 내 직장 주차장에서 만나는 것에 동의했다. 그는 커피라도 마시러 가자고 했지만, 나는 그와 함께 시간을 보낸다는 것이 내키지 않았다. 나는 그에게 말했다. "전 언젠가 당신이 사랑을 발견하기를 바라요. 그것이 내게는 없었기 때문이죠. 또 언젠가 당신이 주님을 발견하기를 바라요. 그것이야말로 정말로 당신의 생애에 꼭 필요한 것이기 때문이지요."

나는 그에게 다시는 전화하지 말라고 요청했다. 그는 통화 중에 자신이 기분이 상해 있다는 사실을 말했는데, 나는 그 기분 상한 이유에 대해서는 정확하게 알지 못했다. 나는 그가 처음으로 나를 정말 잃어버렸다는 상실감을 갖고 있었기 때문이었음을 나중에야 알았다. 그는 내가 더 이상 그의 꼭두각시가 아님을 깨달았던 것이다.

그리고 2년이 물 흐르듯이 흘러갔다. 우리 작은 딸, 하이디(Heidi)가 대학을 다니고 싶어 했다. 학교까지 찾아가는 데는 500마일(1마일은 약 1.6km - 역자주)이 걸리는데, 이는 내 차로는 감당할 수 없는 거리였다. 나는 자존심을 꿀꺽 삼키고는 폴에게 그의 차를 좀 빌릴 수 있는지를 물어 보았다. 폴은 그의 여자 친구와의 관계가 완전히 끝났다고 말했다. 나는 그의 말을 믿지 않았고 또 정말 그에게 관심이 조금도 없었다. 나는 단지 차만 필요했던 것이다. 그는 내가 그렇게 먼 거리를 혼자 여행하는 것은 좋지 않다고 하면서 자신이 기꺼이 딸을 대학까지 데려다 주겠노라고 했다. 하지만 딸은 혼자서 그와 함께 가는 것을 불안해하는 것 같아 나도 함께 가게 되었다.

딸을 대학 기숙사에 두고 집으로 돌아오는 길에, 폴과 내가 정상적인 사람들 간의 관계처럼 이야기한다는 사실에 나는 아주 놀라웠다. 인격 비하도, 비난도, 불안감을 느끼게 하는 일도 전혀 없었다. 그는 내게 자신이 정신 치료를 받았다고 말했다. 그는 자신의 생활 태도가 바뀌고 있으며 그의 행동에 대한 책임감을 갖고 있다고 이야기했다. 나는 귀를 쫑긋 세우고 그의 말을 들었는데 그가 나에 대해 조금도 비난하지 않는 사실이 믿겨지지 않을 정도였다. 그는 길가에 차를 잠시 세우더니 그의 가방에서 무언가를 꺼내고 싶다고 말했다. 그는 작은 박스를 하나 꺼내어 내게 주었다. 나는 주의해서 그것을 열어보았는데 그 속에는 다이아몬드와 사파이어가 박힌 반지가 하나 들어 있었다. 내가 그 반지를 왜 내게 주는지를 묻자, 그는 이렇게 대답했다. "이건 내가 당신에게 관심이 있기 때문에 당신에게 주는 것에 불과해요. 난 실로 연결된 반지를 당신이 끼고 다니는 것을 원치 않아요. 자, 이걸 끼워 보아요."

그것은 내 생애에 받았던 선물 중에 최상의 것이었다. 우리가 미네소타로 돌아온 이후에 우리는 오랫동안 서로를 보지 못했다. 그는 가끔 함께 커피를 마시고 싶다고 하면서 나를 초청했다. 우리는 데이트를 한 것이 아니라, 단지 대화를 한 것뿐이었다.

나는 지루하지 않을 정도로 대화를 이끌어 갔으며, 화를 내지 않은 상태로 그와 함께 이야기를 나눌 수 있었다. 나는 그와 생각을 공유하고 싶은 마음은 없었다. 그러던 중 우리 사이는 분위기가 낭만적이지 않은 레스토랑에서 커피를 마시기 위해 자주 만나는 단계 정도로 발전되었다.

어느 날 그는 나를 차로 집까지 데려다 주어도 좋은지를 내게 물었다. 그리고는 도중에 '분위기가 좀 괜찮은' 레스토랑에 잠시 들를 수 있는지도 물었다. 나는 그와 함께 지내는 것에 편안함을 느꼈기 때문에 그렇게 해도 좋다고 말했다. 나는 그의 행동에 있어 변화가 있음을 알고 있었다. 나는 내가 한 말에 대한 반응이 어떠한지를 유심히 지켜보았다. 나는 그를 친구처럼 보기 시작한 것이다.

그렇지만 나는 여전히 주의하고 있었다. 우리는 우리가 친구가 되는 방식에 대해 이야기했다. 폴이 물었다. "우리가 과거처럼 결혼 관계로 돌아가는 것에 대해서 생각해 본 적이 있어요?"

나는 우리가 결혼 시절로 되돌아갔을 때 그가 그때의 모습처럼 되어진다면 어떤 상황이 벌어지게 될 것인가에 대해서는 생각해 보았다고 말했다. 이제 그는 부드럽고 인자하고 우리의 필요에 대해서 세심한 배려가 있는 사람이 되어 있었다. 그는 그의 감정이나 생각을 우리의 대화에 개입시키지 않으려고 했다. 나는 그가 자신에 대해 무척 노력하고 있음을 발견할 수 있었고, 나는 이 새로운 사람을 좋아하게 되었다. 그는 자신에 대한 자긍심을 갖고 있었지만 동시에 매우 겸손하게 처신했다.

나는 하나님께 어떻게 해야 하는지를 물었으며, 하나님께서는 내가 필요로 하는 것을 내게 주실 것이라는 사실을 깨달았다. 나는 이 사실에 마음이 편했으며 곧 폴에게서 이전 결혼 생활에서는 결코 경험하지 못했던 사랑의 감정을 갖게 되었다. 그 역시 나에 대한 사랑의 감정을 갖기 시작했으며, 비록 두렵긴 하지만, 하나님께서 우리의 가정이 회복되는 것을 보여주셨다고 말했다.

그로부터 몇 주가 흐르고, 우리는 두 번째 결혼식을 기쁨 가운데 갖게 되었다. 폴은 정말 변해 있었다. 나는 우리의 새로운 인생에 너무도 고무되어 있었다. 하지만 그 이후 수년이 흐르는 동안 나는 다시 첫 번째 결혼 생활처럼 파탄에 빠질까봐 두려워한 것도 사실이다. 한번은 폴의 친구들과 저녁을 함께 하는 자리에서, 어떤 부인이 폴에게 과거의 여자 친구와 어떠한 접촉도 갖지 않는지를 물었다.

나는 어떤 사람이 내 면전에서 폴에게 그런 질문을 던진 사실에 경악했다. 나는 폴을 바라보면서 생각했다. "만일 그가 '예스'라고 대답한다면, 난 모든 게 끝장이다."

폴은 그 부인을 똑바로 응시하면서 말했다. "절대로 그렇지 않습니다. 나는 그녀와 헤어진 후에 그녀를 만난 적도 이야기를 한 적도 없습니다."

다음 날 그 부인이 우리 교회에 왔다. 내가 그녀 옆을 지나칠 때, 그녀는 나를 멈춰 세우고는 말했다. "쥬디씨, 제가 어제 저녁에 폴에게 질문했던 것에 대해 사과를 드려요. 내가 왜 그 자리에서 그렇게 했는지 모르겠어요."

나는 사람들이 자신의 의도와 상관없이 내게 상처를 주었음에도 불구하고 그들을 기꺼이 용서했다. 나는 하나님과 폴을 신뢰하고 이제 인생이 새롭게 진행되어 가고 있는데도, 사람들은 그것을 어렵게 만들었다.

폴은 결코 나를 곤경에 처하도록 하지 않았고 그의 옛 생활로 되돌아가지도 않았다. 우리는 다시 결혼 한지 15년 동안 행복한 생활을 하고 있다. 물론 모든 게 완전한 것은 아니다. 나는 여전히 풀리지 않는 감정으로 씨름해야 할 때도 있다.

첫 번째 결혼 생활을 하는 동안에도, 폴이 전부 잘못된 것은 아니었다. 그는 지킬과 하이드의 이중 성품을 갖고 있었다. 그는 탁월하고 재미있는 사람이었지만, 갑자기 다른 성품의 소유자로 돌변하였다. 그가 좋았던 때는 내게 늘 결혼 생활에 대한 소망을 주었다. 폴은 기분이 좋을 때는 대단한 사람이 되었기 때문에, 그가 기분이 나빠 있을 때 그것은 내 책임이라고 늘 생각했다. 이것이 내가 폴의 폭력을 관용할 수 있었던 이유다. 나는 그의 폭력에 대해 인내할 만 하다고 믿었다. 그것은 폭력 부부 관계의 아내에게서 종종 나타나는 전형적인 모습이다.

그러나 폭력 상황은 결코 그 자체로는 해결되지 않는다. 가끔 이런 상황에서 사람들은 하나님께 불평한다. 그렇다. 하나님께서는 우리의 삶에 기적을 베푸실 수 있다. 하지만 문제는 우리에게 있다. 우리가 변화되기를 원해야 하는 것이다. 우리가 변화되기를 소원할 때, 하나님께서는 우리가 과거의 행동들을 바꾸는 것을 도와주신다.

또한 우리는 대부분 우리가 변화되기를 원하는 그 날 즉시로 효력이 나타나기를 기대한다. 만일 그렇게 되지 않으면, 우리는 기다리지 못하고 안절부절 하면서 하나님이 변화를 속히 이루어 주시기를 재촉한다. 이러한 경우에서는 모든 시간이 고통의 시간이 되며 우리는 하나님께서 우리에게 진짜 말씀하시고자 하는 것을 듣지 못하게 된다. 심지어 하나님의 인도하심이 우리 자신에게 맞지 않는 것 같은 생각이 들기도 하며 그래서 우리는 스스로 그 문제를 해결하려고 하게 된다. 그리고는 마침내 우리는 세상적인 방법을 취하게 된다.

하나님께서는 우리에게 성경을 통해서 도움을 주신다. 그리고 다른 사람들을 통해서 도와주기도 하신다. 이제 우리는 다음 장에서 폭력 남편과 그들을 사랑하는 아내를 하나님께서 어떻게 도우시는지를 살펴보게 될 것이다.

상대를 변화시키려 하지 마라. 세상엔 사람을 변화시킬수 있는 것이 없으니.
상대의 영혼을 위해 기도하라. 사람의 문제는 여기에 있으니.

어리석은 자는 그 노를 다 드러내어도 지혜로운 자는 그 노를 억제하느니라 (잠29:11)

2장 광범위한 가정 폭력

우리가 알고 있는 폭력의 수치는 육체적 폭력에 대해서가 대부분입니다.
실상 가정 폭력을 깊이 들여다보면 다른 많은 양상들이 나타납니다.
가정 폭력은 째려보기로부터 충격에 이르기까지 다양합니다.

론니 콜린스(Lonni Collins)라는 여성은 자신이 당한 가정 폭력의 경험에 대해 가슴에 맺힌 말로 다음과 같이 진술했다.

내가 어떻게 다시 교회에 다닐 수 있단 말인가? 결국, 하나님과 나는 더 이상 어떠한 대화도 할 수 없을 정도가 되었다.

8개월 전에, 나는 친구의 배 갑판 위에서 울부짖으면서 하나님께 나에게서 떠나가라고 외쳤다. 이때는 내가 백혈병 진단을 받고 내 남편이 이혼하기 원한다는 사실을 안지 몇 주간이 지난 후였다.

이혼은 놀라운 사실이 아니었다. 내 남편은 내가 나의 병 문제를 제대로 처리해 나가지 않는다고 주장했다. 그는 주위 사람들이 목사의 아내가 하나님께 나아가지 않고 의사들에게 나아가는 것에 대해 비방하고 있다고 말했다.

그는 그의 손가락에 힘을 주고는 내 목의 인후(咽喉) 부분을 누르면서 내게 고함쳤다. "당신이 만일 하나님을 믿는다면 기도를 해야 할 것 아냐!" 이로 인해 나는 목에 찰과상을 입었다.

"만일 당신이 좀 순종을 잘 하는 아내였다면, 하나님은 당신을 치료해 주셨을 거야." 그는 이렇게 내게 비난의 말을 퍼붓고는 나를 안방 벽에 내동댕이쳤다. 둔탁한 고통이 목에서부터 어깨에까지 전해져 왔다. 나는 그를 밀어내기 위해 그를 힘껏 물리쳤다.

그러자 그는 두 손으로 나의 목덜미를 잡았다. 나는 내 눈을 꼭 감고는 다시 벽으로 던져버릴 그의 행동을 생각하며 대비하고 있었다.

"하나님이 네게 벌을 주신거야. 어떤 다른 사람이 그 벌에 간여하여 도와주려고 한다면 그 역시 죄인이야!" 그는 이렇게 고함치고는 나의 머리를 당겨 마루로 끌어내었다. 나는 그가 어떤 물체든 손에 잡히기만 하면 힘껏 나를 내리 칠 것이라 생각하면서 그를 똑바로 쳐다보았다. 하지만 감사하게도, 아이들이 그곳에 있었다.

그러자 그는 내게서 손을 떼었다. 하지만 나는 울지 않았다. 14년 동안 나는 그의 폭력에 시달려 오면서 늘 나를 다치지 않게 해달라고 애원했다. 나는 그의 심한 폭력이 늘 두려웠다. 그는 방 한가운데로 가구를 쓰러뜨리거나 뜨거운 커피 잔을 내 얼굴이나 눈을 향해 던졌으며, 어떤 경우는 이보다 더 한 일도 있었다.

그러나 그가 하나님이 나를 벌준다는 말을 들었을 때, 나는 속으로 이렇게 말했다. "흥, 하나님은 너를 죽게 하실 거야. 그분은 너를 미워하시기 때문에 반드시 죽게 하시고 말거야."[1]

가정 폭력은 세계 전역에서 자행되고 있다. 전문가에 따르면, 가정 폭력은 전염병과 동률선상에 있다. 한 권위 있는 가족심리학자는, 가정 폭력은 바로 1990년대의 대표적 문제라고 했다. 얼마 전에 미국외과의사인 에브레트 쿠프(C. Everett Coop)는, "가정 폭력은 미국 내 건강 문제에서 최상위를 차지하고 있다"고 말했다.[2] 미국 가족과 가정은 전쟁 시의 군사적 상황을 제외하고는 단일 체제나 일에 있어서 가장 폭력적일 것이다.[3] 미국 사회의 어떤 영역도 가정 폭력과 무관하지 않다. 다음의 통계들은, 가정 폭력이 모든 종교적, 인종적, 사회적 영역에 다 걸쳐져 있음을 보여준다.

그 통계들을 살펴보자.
- 가정 폭력은 미국에서 가장 보고가 안 되는 범죄다. 오직 10% 정도만 보고될 뿐이다.[4]
- 미국 상원 바바라 복서(Babara Boxer)의 1993년 9월 2일자 보고에 따르면, 모든 가정 폭력 가운데 10개 중 9개는 고소되지 않고 있으며, 아마 가정 밖에서 일어났다면 틀림없이 중죄로 다루어질 사건들이 가정에서 발생할 경우에는 그 3분의 1 정도가 경범죄로 취급된다.
- 가정 폭력은 15세에서 44세까지의 여성들에게 있어서 대표적인 상해(傷害)에 해당한다. 이는 자동차 사고, 약탈, 강간, 그리고 여러 종류의 암보다도 더 일반적이다.[5]
- 매 9초마다 여성들이 폭력을 당한다.[6]
- 모든 가정 폭력의 24~30%가, 정기적이고 규칙적으로 발생하고

있다.[7]
- 가정 폭력에서 피해를 입는 사람들의 거의 95%는 여성이다. [8]
- 가정 폭력은 모든 결혼 가정의 50% 정도에서 적어도 한번은 발생한다.[9]
- 가정 폭력사건의 30%에는 흉기가 사용된다.(P. Claus and M. Ranel, Special Report: Family Vilolnce, Bureau of Justice Statistics, 저작 연도 미상)[10]
- 미국 여성 연합회의 1987년도 보고에 의하면, 10명의 여성 중 평균 1명은 폭력 남편에 의해 매일 폭력을 당한다.
- 1988년에 발행된 에스콰이어(Esquire) 잡지의 바바라 하트(Barbara Hart)의 말에 따르면, 가해자 남편과 헤어지는 여성들은 헤어지지 않고 있는 여성들보다 가해자 남편으로부터 죽임을 당할 확률이 75% 이상이나 높다.
- 미국의 모든 홈리스 여성과 어린 아이들의 50%는 가정 폭력으로부터는 벗어나 있다.[11]
- 폭력은 피해자를 지배하기 위한 수단으로서, 폭력과 관련이 있는 사람들에 의해 사용되어진다.[12]
- 어머니가 아버지로부터 폭력을 당하는 것을 목격한 어린이들 가운데 40%는 불안을 경험하며, 48%는 우울증을 경험하며, 53%는 부모들과 심하게 다투게 되며, 60%는 그의 형제들과 심하게 다투게 된다.[13]
- 현재 미국의 모든 학급에서 5분의 3정도의 학생들이 자신의 가정에서 폭력이 일어나는 것을 목격했다고 증언한다.[14]
- 부모끼리의 가정 폭력을 목격한 남자 어린 아이들은 어른이 되었을 때 자신의 배우자에게 폭력을 행사할 확률이 700배나 높다.

또한 가정에서 육체적인 폭력을 당한 남자 어린 아이는 어른이 되었을 때 자신의 배우자에게 폭력을 행사할 확률이 1000배나 높아진다.[15]

- 뉴욕에서 50명의 피해 여성들을 연구한 결과에 의하면, 그 가운데 75%는 그들이 직장 생활 중에 가해자 남편에 의해 폭력을 당한 적이 있다고 했으며, 50%는 매월 평균 3일 동안은 휴직해야 했다고 보고했다. 그리고 44%는 적어도 폭력과 직접적으로 관련된 이유로 한 직장을 잃었다.[16]
- 가정 폭력으로 인한 의학 비용은 전체적으로 매년 최소한 30억 달러에서 50억 달러에 이른다. 적어도 또 다른 1억 달러가 직장 상실, 병가(病暇), 휴직, 그리고 결석 등으로 인한 영업 손실을 차지할 것이다.(Porter. 1984)[17]
- 매년 가정 폭력의 피해로 인해 사람들은 10만 일 동안 병원 신세를 지고 있고, 30만 1천 명이 응급실을 찾고 있으며, 거의 4만 명이 병원을 방문한다.[18]

이러한 엄청난 수치에도 불구하고 놀랍게도 위의 통계는 단지 육체적 폭력에 대해서만 언급한 것이다. 실상 가정 폭력에 대해 좀 더 깊이 들여다보면 많은 다른 양상들이 나타난다. 가정 폭력은 째려보기로부터 총격에 이르기까지 다양하다.

폭력의 정의

부부 사이의 관계는 좋을 때가 있고 좋지 않을 때가 있다. 어떠한 부부도 단 한 번의 싸움을 경험하지 않은 경우는 없다. 그러나 부부의 당연하고도 정상적인 싸움이 어느 때 역효과를 가져오는지를 알 수 있어야 한다. 이것을 알아야만 건강한 부부 관계의 한계를 이해하고 적절한 행동이 무엇인지를 파악하는 데 도움이 된다.

부부가 사이가 좋지 않아 계속 싸움을 하게 되더라도 두 사람이 잊지 말아야 하는 것은 지금 경험하는 싸움보다 좋은 부부 관계를 유지하는 것이 더 중요하다는 사실이다. 싸움을 해결하는 데 있어서 가장 좋은 방법은, 문제를 파악하여 서로를 공격하는 것이 아니라 그 문제 자체를 공격하는 것이다.

건강하지 않은 부부 관계에서는, 이와 같은 중요한 요소가 결여되어 있다. 하지만 폭력을 가하는 남편은 육체적 힘과 지배력에 의존한다. 그들은 이러한 것들을 다양한 방식과 형태로 나타내고 있는데, 이러한 것들은 너무도 민감하게 표출되기 때문에 '이것이 폭력이다' 라고 지적하기가 정말 어려운 경우가 많다. 일반적으로, 가해자 남편은 다음과 같은 행동 가운데 한 개나 그 이상의 폭력을 행사함으로써 자신의 힘을 과시하려고 할 것이다.

육체적 폭력

우리는 여러 육체적 폭력에 대해 신문을 통해서 읽기도 하고 TV에서 보기도 한다. 우리의 대부분은 육체적 폭력이 무엇인지에 대해서 잘 알고 있다고 스스로 생각한다. 하지만 육체적 폭력은 다양한 형태를 갖고 있다. 즉 때리는 것, 무는 것, 질식시키는 것, 쥐는 것, 치는 것, 차는 것, 꼬집는 것, 머리를 잡아채는 것, 주먹으로 쥐어박는 것, 미는 것, 감금하는 것, 할퀴는 것, 흔드는 것, 뺨을 때리는 것, 심하게 간질이는 것, 팔을 비트는 것, 흉기를 사용하는 것, 얼굴을 치는 것, 그밖에 괴롭히는 것 따위가 포함된다.

어떤 남자들은 자신들이 가하는 고통의 정도를 알지 못한다. 왜냐하면 그들은 그들의 힘을 인식하지 못하기 때문이다. 당신은 팔 안쪽에 작은 멍이 들어 있는 여자를 본 적이 있는가? 폭력 남편이 배우자에게 주의를 주기 위해 팔의 윗부분을 잡고는 흔드는 경우가 흔히 있다. 그러는 동안 그는 아드레날린이 솟구치면서, "내 말을 들으란 말이야!" 하고 호통을 친다.

여자는 자신이 상처를 입었다는 사실조차 모를 수 있다. 그래서 만일 이 사실에 대해 질문을 받게 되면, 그는 "나는 그녀에게 육체적인 폭력을 가한 적이 전혀 없습니다."라고 대답할 것이다. 어떤 남편은 실제로 이런 말을 한 적이 있다. "나는 그녀에게 관심을 불러일으키기 위해 그녀의 뺨을 쳤을 뿐입니다. 그녀는 그렇게 당해도 싸요. 만일 내가 그녀를 때렸다면, 그녀는 맞았다는 사실을 알았겠죠." 이 남자는 때리는 것이 주먹을 쥐고 치는 것을 의미하는 것으로 생각한다. 그는 "나는 단지 그녀의 뺨을 쳤을 뿐이다. 즉 나는 그녀에게 폭력을 행사하지 않았다."라고 말하는 셈이다.

하지만 당신이 좀 더 다그쳐 묻게 되면, 이 남자는 당시에 자신이 통제력을 잃었고 자신이 하고 있는 것이 무엇인지를 알지 못했다고 말할 것이다. 그러면서도 그는 "그녀는 그렇게 당해도 싸요."라는 말을 잊지 않을 것이다. 그럼에도 불구하고, 흥미로운 사실은, 남자는 상처가 밖으로 보이지 않는 곳을 골라 여자에게 상해를 입힌다는 점이다. 그는 고함을 지르고, 격노하고, 그녀에게 폭력을 가하고 있었는

다양한 폭력들 (VARIETIES OF ABUSE)

모든 폭력은 상처를 준다. 그리고 모든 폭력은 치료하는 데 시간이 필요하다.

육체적 폭력	때리는 것, 무는 것, 질식시키는 것, 쥐는 것, 치는 것, 차는 것, 꼬집는 것, 머리를 잡아당기는 것, 주먹으로 쥐어박는 것, 미는 것, 감금하는 것, 할퀴는 것, 흔드는 것, 뺨을 때리는 것, 심하게 간질이는 것, 팔을 비트는 것, 흉기를 사용하는 것, 얼굴을 치는 것, 괴롭히는 것, 넘어뜨리는 것. 사랑, 존중, 명예와 무관한 어떤 육체적 행동.
힘	기본적인 권리들을 부정하는 일, 법적 권력 수단을 사용하는 일, 사적이고 개인적인 인생을 빼앗는 일, 화장실 물 사용을 통제하는 일.
스토킹	몰래 뒤 따르는 일, (가게, 교회, 직장 등) 모든 활동을 감시하는 일, 극단적인 불신과 시기.
감정적 폭력	모욕, 이름 부르기, 심리전, 정신적 압박, 과도한 지배적 행동, 조건적 애정, 정체성의 상실. 관계를 증진시키고, 발달시키고, 세워주는 데 전혀 도움이 되지 않는, 어떤 의사 전달, 충고, 지시, 혹은 갈등 해결 방법.
협박	관계를 종결짓겠다는 협박, 정서적 혹은 육체적으로 해를 가하겠다는 협박, 생명에 대한 협박, 아이를 데려가겠다는 협박, 자살하겠다는 협박, 경찰에 알리겠다는 협박, 기타 법을 위반하는 협박적 행위들.
경제적 폭력	재정 문제에 대한 제한, 아내에게 돈을 빌려오도록 하는 일, 아내가 벌어온 돈을 갈취하는 일, 아내가 시장을 볼 때 비용을 일일히 보고하도록 하는 일.
위협	째려보기, 위협적 행동이나 제스처, 큰 목소리, 공포심을 유발시키는 일, 계속적인 비난, 가해자가 듣기를 원하는 것을 말하도록 강요하는 일.
재산 폭력	벽에 구멍을 뚫는 일, 물건을 내리치는 일, 재산을 파괴하는 일, 문을 부수는 일, 식탁을 치는 일, 애완동물을 학대하는 일.

[도표 1-1]

폭력의 형태를 변화시키는 것과 폭력 자체를 중단하는 것은 다르다.

침묵	침묵을 일종의 무기로 사용하는 일, 대화를 하지 않거나 하지 않으려고 하는 일, 종종 감정을 전혀 노출시키지 않는 방법을 사용하는 일.
소외	주위 사람들과의 관계나 그 관계 안에서의 행동을 통제하는 일, 전화를 하거나 받는 것을 제한하는 일, 밖으로 나가지 못하고 집에만 머물러 있도록 하는 일, 바깥일에 관심을 갖지 못하게 하는 일, 자주 이사하여 친한 사람과 접촉을 끊는 일, 우편물을 열어보지 못하도록 하는 일, 친구에게 연락하지 못하도록 하는 일.
자녀 이용	자녀를 이용하여 자신의 의사를 전달하려고 하는 일, 자녀를 만나는 것을 학대의 수단으로 사용하는 일, 자녀 부양을 책임 지우려 하는 일.
모욕	적대적인 유머, 공공장소에서의 모욕이나 비난, 외모를 비하하거나 엄마의 권위나 가정주부로서의 위치를 비하하는 일, 좋아하지 않는 음식을 먹도록 강요하는 일.
책임 폭력	아내로 하여금 일상의 모든 일(공공요금이나 생활비)에 대해 책임을 지도록 하는 일.
영적 폭력	'복종', '순종' 등의 말이 나오는 성경이나 이야기들을 인용하여 학대하는 일.
성적 폭력	비정상적인 성적 행위를 요구하는 일, 몸의 성적 부위를 가격하는 일, 아내를 성적 대상으로만 취급하는 일, 잠을 못 자게 하면서 성적 행위를 하려는 일, 강요된 섹스, 과도한 시기심.
남성적 우월성의 사용	아내로 하여금 하녀처럼 취급하는 일, 일방적인 결정, '성주'처럼 행동하는 일.

[도표 1-2]

지도 모른다. 그러면서도 만일 전화 소리가 울리면, 그는 할 수 있는 한 조용하고 침착하고 정신을 집중하면서 전화기를 들고는 "안녕하세요? 어떻게 지내세요?" "아, 예, 저는 아주 잘 지내고 있습니다!"라고 말할 것이다. 그 가해자 남편은 자신의 성격을 아주 짧은 시간에 하나의 극에서 또 다른 극으로 다스릴 수 있는 것이다. 그는 자신이 아내에 대해서나 상황에 대한 지배력을 잃었다고 느끼는 순간, 그는 어떤 형태이든 육체적 폭력에 의존하여 그 지배력을 다시 얻으려 한다. 아이러니하게도 그는 자신이 할 수 있는 최선의 노력을 다 하는 것이다.

힘

힘은 그 자체적으로 여러 방식으로 나타나며 폭력에 대한 수단이 될 수 있다. 극단적인 경우에는, 아내에게 먹지도 못하고 잠도 자지 못하게 하는 등 가장 기본적인 삶까지 방해를 한다. 더 심한 경우 아내는 자신의 사적인 삶마저도 빼앗길 수 있다.

이러한 폭력적 상황에서, 남편은 아내의 의무 규정을 만든다. 여기에 따라 그녀는 부엌살림을 하고, 세탁을 하고, 차를 청소해야 한다. 남편이 아내의 삶을 통제하는 것이다. 심지어 그는 그녀가 사용하는 화장실 목욕물의 양까지 간섭한다. 그는 그녀에게 교훈을 줄 권리를 갖고 있다고 느낀다.

스토킹

스토킹은 스파이 짓과 비슷하다. 스토커 남편은 아내가 바깥에 나가 있는 동안 그녀를 따라 다니면서 여러 활동들을 감시한다. 그는 그녀를 신뢰하지 않고 비정상적인 질투심을 갖고 있다. 그는 "내가 그녀를 갖지 못하면, 아무도 그녀를 갖지 못해."라고 생각한다. 대부분의 사람들은, 스토킹은 별거나 이혼 관계에서만 일어나는 것으로 이해하지만, 정상적인 결혼 관계에서도 종종 발생한다. 많은 부부에게서 이런 일이 나타나고 있으며, 남편이 신실한 신앙을 갖지 못한 가정에서도 일어난다. 그러나 아내들은 종종 자신이 감시당하고 있다는 사실조차 모른다.

감정적 폭력

감정적 폭력은 남자가 여자의 인격을 자꾸 비하하여 그녀 자신에 대해 스스로 좋지 않은 감정을 갖도록 만드는 것을 말한다. 그는 그녀의 이름을 반복해서 부를 수 있다. 그는 그녀로 하여금 자신의 정신이 온전치 못하다고 믿도록 만들기도 한다. 그는 그녀와 심리전을 벌일 수도 있다. 결과적으로 그의 행동은 그녀의 삶을 지배하며, 그녀가 친구들을 가질 수 없도록 만든다.

처음에는 그의 개입이 좋은 관심처럼 보일 수도 있다. 만일 여자가 감정적인 문제를 잘 다루는 경험이 없는 집안의 출신이라면, 그녀는 남자의 이런 개입에 쉽게 속아 넘어 갈 수 있다. 남자는 그녀의 삶에 들어와 개입하기를 원한다. 그는 그녀를 위해 매월 자동차 분할 대금을 대신 지불할 수 있고, 그녀를 위해 가구를 사 줄 수도 있다. 그는 그녀가 낮에 직장에서 일하고 있는 동안 그녀에게 몇 번이고 전화를 하기도 한다. 그녀는 처음에는 진실로 자신을 사랑하는 사람이 자기 곁에 있다고 느낄 수 있다. 그녀는 그 남자가 아직 성숙하지 못한 채 그녀 자신을 지배하려하고 폭력행사의 가능성이 있는 사람이라는 사실을 전혀 알지 못한다. 그녀는 이런 일을 자신의 집안에서는 전혀 겪어 보지 않았기 때문에 남자의 이런 행동을 모두 사랑의 행위로 간주한다. 그녀는 그것을 자신에 대한 관심이라고 생각한다. 그녀는 이것을 하나의 축복이라고 여긴다. 누군가가 자신의 임대료, 가구 구입비 등의 비용을 대신 지불해주고 자신에게 50달러 정도의 꽃을 선물해 주면 그녀는 매우 행복해진다.

그래서 그들은 결혼하게 되는데, 그때부터 그녀는 자신의 한두 개의 개인 용품을 위해 3달러도 지불하지 못하는 신세가 된다. 이것은 남자가 파놓은 함정의 결과다. 그는 그녀를 안전하게 보호하게 되었다고 판단되는 순간부터(즉, 결혼을 하여 함께 집을 얻고 섹스를 하는 것), 그는 그녀를 "소유하는" 것이다. 결혼 후에 그는 변한다. 그녀가 사랑과 관심이라고 생각하고 맺었던 관계는 모두 이제 도피할 수 없는 저주처럼 되어 버린다. 그는 그녀를 하나의 전리품처럼 여기면서 오직 특별한 어떤 상황 하에서만 그녀에게 관심을 보여 준다. 그는 그녀의 먹는 것과 잠자는 것 같은 기본적인 일들도 방해를 하며, 자기 정체성의 성장이나 자율성을 빼앗아 가버린다. 그는 그녀가 그의 모든 요구를 채워주고 그의 모든 변덕에 기분 맞추어 주기를 바란다.

협박

가끔 남자는 여자에게 그들의 결혼 관계를 종결짓겠다고 협박하는 행동을 보여준다. 그는 이렇게 말한다. "너는 나를 만난 게 행운이야." "네가 나를 떠나면 고생문이 훤해질 뿐이야. 알아?" 그녀는 이것을 일종의 협박으로 생각하게 된다. 왜냐하면 그는 지금까지 그녀가 전적으로 자신에게 의존하도록 만들어 두었기 때문이다. 이와 같은 상황을 "학습된 무기력"(learned helplessness)이라고 부른다.

만일 이러한 시도가 효력을 발휘하지 못하면, 그는 그의 노력을 더욱 강화한다. 그는 그녀에게 감정적으로 혹은 육체적으로 어떤 해를 가할 것이라고 선언한다. 그는 그녀의 생명에 대해 협박하거나 아이들을 데리고 가 버릴 것이라고 말할 수 있다. 또한 그는 자신이 자살해 버릴 것이라고 협박할 수도 있다. 학습된 무기력 상태의 여자가 할 수 있는 것이라곤 아무 것도 없어 보인다. 그는 그녀를 정부에 보고하여 경제적 지원을 받지 못하도록 할 것이라고 협박하기도 한다. 그는 그녀에게 부도 수표를 사용하게 하거나(미국에서는 개인들도 모두 개인 수표를 사용 한다 - 역자주), 다른 사람의 신용카드를 사용하도록 하거나, 무엇을 훔치도록 하여 범법자가 되게 만들기도 한다. 그리고 서 그는 "나는 경찰을 불러서 네가 행한 것들을 말해 버릴 수 있어."라고 말함으로써 그녀로 하여금 자신을 떠나지 못하도록 만든다. 그녀는 완전히 덫에 걸린 것처럼 되는 것이다.

다른 형태의 협박은, 도덕과 관련된 것일 수 있다. 그는 이렇게 말할 수 있다. "만일 네가 나를 사랑한다면, 넌 내 친구와 잠자리를 가져야 해." 그는 그녀가 이에 응할 때까지 그녀를 때릴 수 있고, 그들의 침실에 제3의 남자를 데리고 올 수도 있다. 그는 이러한 상황을 그녀의 머릿속에 각인시켜 두었다가 만일 그녀가 그와 이혼하려고 하면 그녀가 부도덕했다는 증거를 자신이 갖고 있다고 협박할 것이다. 더욱이 그녀는 그로부터 세뇌 당하다시피 하여, 이러한 상황에서는 사회보장국이 아이들을 데리고 가서 그에게 주게 되지 않을까 염려하게 된다.(미국에서는 실제로 이런 일이 있다 - 역자주) 법을 어겼거나 침실에서 제3의 남자와 있었던 경험을 가진 여자는, 늘 자신이 잘못되지나 않을까 하는 두려움에 사로잡히게 된다. 그녀는 만일 혹은 언제 그가 이 사실을 이야기할지 조마조마하게 된다. 그녀는 그의 힘 앞에 꼼짝 못한 채 자신은 도망가서도 안 되고 도망할 수도 없는 자임을 느끼게 된다. 폭력이 심한 가정에서는, 이런 일이 다반사로 일어나고 있다.

경제적 폭력

경제적 폭력을 행사하는 남자는 아내로 하여금 직장을 갖지 못하도록 한다. 그는 일반적으로 그녀가 자신에게 돈을 요청하도록 만든다. 그는 그녀가 벌어오는 돈을 챙기고는 그녀가 돈을 자신에게서 타서 쓰도록 하며 그녀가 사용하는 돈은 일체 장부에 기록하도록 만든다. 경제적으로 폭력을 행하는 남자는 불과 50달러를 주고는 상점에 가서 1주일 동안의 4인분 식료품을 구입해오라고 말한다. 그녀는 손에 그 50달러를 쥐고는 상점에 가면 그가 남긴 마지막 말이 귀에 쟁쟁거리며 계속 들려온다. "거스름돈과 영수증을 꼭 가지고 와야 해." 상점에서 물품을 구입한 후에 그녀는 주의하면서 구입 물품들을 계산해 본다. 그녀는 카트에서 물품을 내리면서 그 전체 금액에 놀라게 된다. 금액이 51달러 45센트가 되었기 때문이다. 그녀는 세금(tax)이 첨가되는 것을 깜빡 잊었던 것이다.(미국에서는 계산대에서 정산할 때 물건 값에 세금을 합한다. – 역자주) 그녀는 이 사실을 알고는 얼굴이 사색이 된다. 그녀는 자신 뒤에 사람들이 줄지어 있는데도 그대로 선 채로, 자신의 어리석음에 대해 자책하면서 당황하고 짜증스러워하게 된다.

그녀는 점원에게 더듬거리며 이렇게 말하면서 물품들을 되돌려 놓으려고 한다. "이 물품들이 지금 당장은 필요 없을 것 같아요." 그러면 점원은 눈을 굴리면서 그녀를 쳐다본다. 그녀는 수치심을 가지면서 그의 째려봄을 고스란히 받게 된다. 그때 줄 뒤에서 어떤 목소리가 튀어나온다. "난 늘 줄을 잘못 선단 말이야. 저런 멍청한 여자 때문에 항상 이렇다니까." 그녀는 더욱 수치심을 느끼게 된다. 그녀는 자기 가족이 필요로 하는 물품들을 위해 가끔 자신이 필요로 하는 것들을 희생한다. 경제적 탈출의 수단이 없기 때문에 어쩔 수 없이 이렇게 할 수밖에 없는 것이다.

위협

남편이 아내를 위협하게 되는 경우가 있는데, 이것은 자주 째려봄, 어떤 행동, 폭력적 동작, 큰 소리, 저주, 계속적인 비난 등이 될 수 있으며 어떤 때는 폭력 행위에 이르기까지 한다. 이때 여자는 남자가 듣기 원하는 것을 그에게 말하려고만 한다. 그녀는 그가 무엇을 듣고 싶어 하는지를 잘 알고 있다. 그는 늘 그녀가 자신의 말을 잘 듣도록 강요했기 때문이다. 그는 그녀가 모든 것을 그에게 보고해주기를 바란다. 그런데 여기서 기억해야 할 것이 있다. 그것은 가정 폭력이 단지 째려봄 정도로 끝나지 않고 총을 쏘는 것으로까지 나아갈 수 있다는 점이다.

만일 폭력적 남편이 어떤 일로 자극을 받게 되면, 고함을 지르고, 포악해지고, 난동을 부리게 된다. 그러면 그의 아내는 "진정하세요. 큰 소리로 말하지 마세요."하고 말한다. 그녀는 지금 일어나고 있는 일 자체가 당황스럽기 때문에 모든 것이 평안해 지기를 원할뿐이다. 그러나 남자는 심술궂은 4살 난 어린아이처럼 행동하고 있다. 그는 그러한 혼란을 해결하는 법을 배우지 못했고 어떤 일이 있든지 간에 자기 방식대로만 세상을 이끌고 가려고 하는 것이다.

재산 폭력

재산 폭력으로 정의될 수 있는 폭행은, 벽에 구멍을 낸다든지, 물건을 부순다든지 하는 것과 같이 일반적으로 재물을 파괴하는 행위 등을 말한다. 놀랍게도, 재산 폭력으로 폭행하는 사람들은 자신의 그러한 분노를 정상적으로 다스릴 수 있는 상태에 있는 자이다. 그는 자신의 물건이 아니라 아내의 물건을 집어 던진다. 그는 언제든지 그 자신의 물건을 내 던져 버리는 경우는 없다. 그가 던지는 것은 늘 테이프나 그릇 등 그녀가 소중히 여기는 물품들이다.

문을 망가뜨리고, 탁자를 치고, 애완동물을 학대하는 것은 모두 재산 폭력에 해당한다. 이 남자는 자신이 얼마나 큰 힘을 가지고 있는 존재인가를 보여주기 위해서 가족이 소유하고 있는 애완동물을 죽이기까지 한다. 그는 아이들에게 아빠가 생사 문제에 대해서도 힘을 갖고 있음을 잠재적으로 전하고 싶어 하는 것이다. 그래서 가족은 만일 언제 무슨 일이 발생할지 몰라 늘 걱정하게 된다. (만일 어떤 일이 발생하면, 가족들은 그와 떨어져서 안전한 곳에 가 있을 필요가 있다. 가정 폭력에 있어서는 아내와 자녀는 반드시 안전하게 되어야 한다. 남자의 폭력 행위로부터 보호되는 것이 최우선이다.)

침묵 기사(Silence Knight)

어떤 남자는 침묵을 무기로 사용한다. 이런 남자는 어떠한 대화도 하지 않는데, 그는 자신의 감정을 나타낼 수 있는 능력이나 방법이 없기 때문이다. 분명히 그는 돈을 잘 벌어주며, 교회도 잘 출석하고, 다른 사람들로부터 신실한 크리스천이라는 말을 듣는다. 그는 좋은 직장도 가지고 있고 친구 관계도 좋은 사람이다. 그는 전혀 화를 내거나 폭력적인 사람 같아 보이지 않는다. 그는 결코 아내의 품위를 떨어뜨린다든지, 그녀를 때린다든지, 그녀를 협박하는 사람이 아니다. 그녀는 전혀 두려움 없이 살아가고 있다.

그러나 그녀에게는 침울해지는 때가 있다. 그녀는 "내게 무엇이 잘못되어가고 있는 것일까? 나는 좋은 남편과 좋은 인생을 갖고 있지 않은가? 왜 내가 침울해야 하지? 남편은 늘 내게 잘 대해주고 있지 않은

가? 그는 돈을 잘 벌어 주며 안정된 생활을 하고 있고, 신실하며, 더구나 크리스천이지 않은가? 그는 내게 어떤 나쁜 일도 하지 않아. 나는 내 마음 속에 왜 공허한 마음을 가지고 있는 걸까?" 그녀의 친구들은 그녀가 좋은 남편과 살고 있기 때문에 아주 행복한 여자라고 말해준다. 하지만 여전히 그녀에게는 허전한 그 무엇이 있다.

천성적으로, 남자는 그의 삶이 잘못되어 가고 있을 때, 그는 바깥으로 눈을 돌려 다른 사람이나 주위 환경 등에 대해 비난하는 경향이 있다. 하지만 여자는 대개 남자보다 민감하고 그 해결을 위해 내면으로 눈을 돌린다. 그녀는 자신에게 질문하기 시작 한다 : "내게 무엇이 잘못되어가고 있을까? 왜 내 남편은 내게 관심을 주지 않는 것일까?" 그녀는 어떤 것을 잃어버리고 있음을 알지만, 만일 어떤 상담가를 찾아가 이 문제를 의논하지 않으면 그것이 무엇인지를 알지 못한다. 그녀는 감정적 속박을 당해 스스로 기만당하고 있다는 사실을 전혀 의식하지 못하는 것이다.

그는 그녀의 삶에 전혀 개입하지 않는다. 그가 그녀에게 이처럼 관심을 기울이지 않는 것은 자신이 그의 관심을 받을만한 가치가 없는 것을 그녀는 눈치 채게 된다. 그녀는 이 사실을 바깥으로 말하지 않는다. 그녀는 다시 자신에게 "내게 무엇이 잘못되어가고 있을까?"라고 자문할 수 있다. 그녀는 자신을 바라보고 자신의 외모에 대해 불만을 토로함으로써 그 해답을 찾아나갈 수 있다. "내 배가 너무 축 쳐진 것이 아닐까? 내 허벅지가 너무 굵은 것이 아닐까? 내 몸이 너무 지방질이 많아 뚱뚱해 보이는 것은 아닐까? 내 팔이 너무 짧거나 내 혈관이 거미줄처럼 보이지 않을까? 내 무릎이 너무 우툴두툴한 것이 아닐까? 내 머리는 어떻게 보일까? 그리고 내 가슴은? 나의 코가 너무 큰 것은 아닐까? 내가 성형 수술을 받아야 할 정도는 아닐까?"

그녀는 자신의 몸매를 쭉 살펴보고는 자신의 성적 매력에 대해 분석하기 시작한다. "아마 나는 그의 마음에 들지 않는가 봐. 그는 내가 원하는 사랑의 방식을 좋아하지 않는 것이 분명해. 나는 그를 만족시켜 주지 못해." 그리고는 그녀는 이제 자신 밖으로 눈을 돌려 본다. "집은 어떤가? 나는 지금 좋은 가정을 가지고 있지 않은가? 나의 요리는? 나는 못생긴 아이를 낳은 것은 아닐까? 아마 난 그가 원하는 아이를 낳지 못했나봐."

계속해서 그녀는 이러한 자기 의심을 가지고 살면서, 드디어 의문의 마지막에 이르러서는 이렇게 말한다. "난, 위에서 생각했던 것 모두에 해당해." 그녀가 의도적으로 이렇게 생각하는 것은 아니다. 그러나 결국 그녀는 자신에 대해 가졌던 의심들이 모두 참되다고 믿는다. 그녀는 자신에 대해서 올바른 답을 찾지 못하자, 자신에게 분명 문제가 있다고 판단하게 되며 문제를 만드는 원인 제공자가 자신이라고 단정 짓고 만다.

여기서 나는 남자들에게 한 가지 묻고자 한다. "당신은 당신의 아내와 정서적으로 얼마나 연합되어 있습니까?" 그들은 내게 아무런 답도 줄 수 없다. 왜냐하면 정서적으로 연결되도록 남자를 훈련시키는 것이 단지 "친밀하게 하는 101가지 방법"과 같은 과정 이수로 되는 것이 아니기 때문이다.

만일 남자가 이러한 "침묵 기사"와 같은 범주에 들어 있고 그래서 그들의 목사나 상담가를 찾아가야 할 정도라면, 일반적으로 아내는 상담을 받으면서 이렇게 말할 것이다. "우리는 서로를 사랑해요. 우리는 서로에게 헌신하고 있어요. 그렇지만 무언가 빠져 있는 것 같아요."

남편은 가끔 "모든 게 좋은데, 괜스레 아내가 의기소침할 때가 있습니다."라고 말할 것이다.

그러면 목사는 이렇게 질문할 수 있다. "두 분 사이의 관계에서 혹시 어떤 육체적 폭력이 있습니까?"

그녀는 대답한다. "아닙니다. 그는 어떤 방식으로든지 결코 나를 부적절하게 대해주지 않습니다."

"정서적 폭력은 있습니까?"

"아닙니다. 결코 없습니다." 남편은 폭력이라고 할 수 있을 만큼 힘을 사용한 적이 없다. 그러면 목사는 그들을 치료전문가에게 보낼 것이다. 그들은 그 앞에서도 여전히 아무런 해결책을 얻지 못한다. 치료전문가는 종종 보다 심층적인 상담을 위해 여자를 부른다. 이때 그녀는 자신은 정상이 아니라고 다시 한 번 생각하게 되고 이 모든 것은 자신의 과오요 실수라고 생각하게 된다.

여기서 나는 남자들에게 이런 질문을 해 본다. "당신은 당신의 아내와 사랑을 어떻게 이루어나갑니까?" 그들의 대답은 한결같이 섹스와 관련되어 있다.

"당신은 당신의 아내와 어떻게 '감정적으로' 사랑을 이루어나갑니까?"

"나는 돈을 벌어주며 아내가 원하는 물건들을 사 주지요."

그들은 배우자의 감정을 살핀다는 것이 무엇을 의미하는지에 대한 개념이 잡혀 있지 않다. 하지만 남편은 아내의 눈을 바라보고 그녀의 말에 귀를 기울이며 그녀의 감정을 확인함으로써 여자의 감정적 필요를 인식할 필요가 있다. 그녀는 지속적인 관심을 필요로 하는 것이다.

그런 다음 남자는 자신의 감정을 어떻게 다룰 수 있는지를 배워야 한다. 부부를 연결시키는 데 있어서 가장 좋은 방법은, 남자가 자신의 내적 감정에 대해 아내와 이야기하면서 그의 약점을 인정하는 것이다. 남자가 그의 감정, 꿈, 목표를 함께 나눌 만큼 그녀를 믿을 때, 그녀는 그들 사이의 신뢰가 건설되어간다는 느낌을 갖게 된다. 그가 비성적(非性的) 접촉을 가질 뿐만 아니라 자신의 말을 들어주는 관계를 유지하고 있을 때 그녀는 스스로를 가치 있게 여기게 된다. 아내는 남편이 단지 포옹하기 위해 접근할 때 이를 피하는데, 이는 그 포옹 요청이 섹스를 하고 싶다는 하나의 신호일 뿐이라고 해석하기 때문이다. 그러므로 남편들은 분명히 알아야 한다. 아내의 입장에서 남편이 원하는 포옹이 섹스와는 상관없이, 순수한 친밀함에 대한 신호로만 여겨지며, 또 아내가 단지 수동적으로 포옹당하는 것만이 아니라 자신이 능동적으로 포옹하고 싶은 마음을 가질 수 있어야만 온전한 부부관계로 한 단계 더 들어선 것이라는 사실을 말이다. 이때 이 부부는 새로운 단계의 감정적 연대에 이를 수 있게 되는 것이다. 남편이 육체적 만족 없이도 그녀가 존재하고 있다는 이유만으로 충분히 그녀를 사랑한다는 사실을 아내가 알 때, 그녀는 남편과 연결되어 있다고 느낀다. 남편이 아내와 가장 가까운 관계를 갖도록 하는 방법은 자신을 개방하는 일이다. 이렇게 되면 부부 관계는 이제 거부의 두려움이 없는 평화로운 상태가 되는 것이다.

소외

남편이 자기 아내가 무엇을 행하며, 누구를 만나며, 누구와 이야기를 나누며, 어디로 가는지 등의 일에 간섭하려고 하는 행위는, 일종의 '소외 폭력'으로 분류될 수 있다. 그는 그녀의 전화 통화까지 제한시키기도 한다. 그녀가 전화를 받을 때, 남편은 귀를 기울여 엿듣는다. 그는 아내를 그녀의 가족으로부터 멀리 떼어 놓으려고 하기도 한다. 그는 아내가 있는 모든 곳을 자신이 알고 있어야만 하고 그녀가 언제든지 자신에게 도움이 될 수 있도록 준비되어 있어야 한다고 주장한다. 심지어 그는 그녀에게 무선호출기를 사용하도록 하기까지 한다.

　남편은 아내가 항상 집밖의 일에 대해서는 관심을 가지면 안 된다고 주장하며 그래서 그는 자주 이 집에서 저 집으로, 이 도시에서 저 도시로 이사를 한다. 또 어떤 경우에는 아내를 가족으로부터 멀리 이사 보내 버려 아내가 아무런 생활 대책이 없도록 만들기도 한다. 남편은 아내를 계속 격리된 상태로 두기 위해, 어떤 이동 수단도 갖지 못하도록 하거나 그녀의 차를 사용하지 못하도록 금하기도 한다. 가끔 그는 그녀에게 편지함까지 열어보지 못하도록 강요할 때도 있다.

자녀를 이용함

　남편은 아내에게 아이들을 양육하는 일에 있어서 다양한 측면에서 죄의식을 갖도록 만든다. 특히 그는 아이들이 어머니에게 폭력을 행사하도록 협박하는 일까지도 행한다. 남편은 간접적으로 아내에게 메시지를 전하도록 하기 위해 아이들을 활용하기도 한다. 만일 부부가 더 이상 함께 살지 않는 경우가 되면, 남자는 아이들을 만나지 못하게 하는 것을 괴롭힘의 수단으로 사용한다. 혹은 그는 아이들을 효과적인 지원으로 활용한다. 비록 부부가 이혼하거나 재결합할지라도, 아이들과 돈 문제를 가지고 계속 폭력이 지속된다.

　이혼한 남편이 아이들을 주말에 데리고 와서는 주일 저녁에 다시 데리고 가는 경우도 있다. 아내로 하여금 한 주의 대부분을 혼자 지내도록 만들다가 잠시만 아들과 함께 지내도록 하는 것이다. 그 기간은 늘 금요일 저녁부터 시작되도록 계획한다. 남자가 여자의 인생을 지배하기 위해 아이를 사용하는 것이기 때문에, 이 경우 여자는 단 한 순간의 평화도 누리지 못하게 된다.

모욕

폭력의 형태는 조롱, 공적 모욕, 언어적 비난 등을 포함하며, 공공장소에서 부적절하게 아내의 몸에 손을 대는 행동도 폭력적 모욕 행위에 해당한다.

이처럼 공공장소에서 아내의 몸에 부적절하게 손을 댐으로써, 남편은 사람들로 하여금 자신의 아내가 자신에게 속해 있음을 나타내려고 한다. "그녀는 나의 소유야. 나는 그녀를 소유하고 있어. 그녀는 나의 재산 목록 중의 일부야."

그는 그녀의 외모, 그녀의 자녀 양육, 그녀의 집안 살림, 그녀의 요리, 그리고 그녀의 자존심 등을 깎아 내린다. 그는 자신을 위해 그녀가 그녀의 외모나 옷에 신경을 쓰도록 강요하기도 한다. 이런 형태의 폭력적 상황은 단지 그녀가 그의 소유에 불과함을 입증시키려는 의도에서 비롯된다. 그는 자기 아내를 전리품 정도로만 여기며 그래서 그녀를 깎아 내리고 모욕을 가하면서도 역설적으로 그녀로 하여금 섹시한 옷을 입도록 하는 것이다.

책임 폭력

책임 폭력이란, 남편이 그의 아내로 하여금 집안에 들어가는 돈과 자녀 양육비를 포함하여 가정생활 전반에 걸쳐 책임을 느끼도록 하는 것을 의미한다. 그는 자신이 자살하겠다고 위협하기도 하고 그녀로 하여금 가정생활 전체에 대해 책임을 느끼도록 만들 수도 있다. 심지어 그는 양육, 집안 살림, 가계(家計) 등 일체를 자기 아내에게 떠넘기기도 한다. 일반적으로 이런 상황에서 남편은 주요한 결정을 아내가 담당한다고 주장하지만, 그는 일의 결과가 좋지 않은 경우뿐만 아니라 심지어 그 결정이 옳았을 때조차도 비난을 일삼는다.

영적 폭력

"복종", "순종"과 같은 말들은, 성경에 나타난 다른 영적 용어와 함께, 현실에서 남편이 그의 아내에게 폭력을 가할 때 사용하는 가장 대표적인 언어들이다. 그는 아마도 가부장적 제도에 대해 높은 관심을 갖고 있을 것이며, 그래서 이렇게 말할 수 있다. "하나님은 내게 이처럼 행할 수 있는 권리를 주셨다. 나는 가족의 머리다. 나는 세상에 대해서도 전권을 가지고 있지만, 당신은 아무 것도 가지고 있지 않다."

나는 한때 육체적인 면에서 아주 폭력적이며 영적으로도 매우 잘못된 한 사람을 알고 있었는데, 그는 문자 그대로 성경으로써 그의 아내를 때렸다. 예를 들자면, 그녀가 집 바깥에서 그가 시키지 않은 일을 했다. 그러자 그는 집에 들어와서는 큰 가족 성경을 손에 쥐고 그녀의 머리를 내리쳤다. 이어서 그는 "성경이 가르치듯이 당신이 전적으로 순종하기만 하면 이 가정이 잘 될 것이라고 목사님이 말씀하신 적이 있어."라고 말했다. 그런 다음 그는 성경 구절 두 개를 이래저래 섞어서 인용하더니 그녀를 병원에 입원시켜 버렸다. 이것은 영적 폭력에 해당한다. 목사는 결과적으로 자신도 모르게 그로 하여금 영적으로, 육체적으로 그의 아내에게 폭력을 가하도록 허락을 한 셈이 되었다. 이러한 형태의 폭력을 경험하는 아내들은 종종 하나님께서는 남자들만 사랑하시고 하나님 앞에 여자들은 설 자리도 없는 것처럼 느낄 수 있다. 나의 아내 쥬디는 하나님과의 관계로 심한 갈등을 일으켰는데, 그 이유는 내가 그녀에게 육체적으로, 영적으로 큰 폭력을 가했기 때문이다. 나는 그녀를 괴롭히고, 반 시간 후에는 설교단으로 발걸음을 옮기곤 했다. 그녀는 너무도 큰 괴로움을 당하면서 그녀가 과거에 다녔던 교회에 찾아가 상담을 받아보기를 원했지만, 목회자나 기독교 상담자를 만날 수 없었다. 목회자는 그녀가 이혼을 했다는 이유로 그녀를 만나주지 않았던 것이다. 그리고 기독교 상담자 역시 그녀가 돈을 갖고 있지 않다는 이유로 그녀를 피했다. 고통을 당하는 여자들을 도우려고 할 때, 도대체 신자들인 우리는 어떻게 해야 한단 말인가?

성적 폭력

자신의 아내에게 폭력을 가하는 남자들은 대부분, 그들이 그렇게 아내를 괴롭힌 후에는 섹스를 갖기를 원한다. 여기서 나는 이런 말을 하고 싶다. "가정 폭력은 전희(foreplay)가 아니다." 이런 폭력적인 남자는 아내에게 신실성과 사랑을 갖고 있다는 사실을 입증한다는 거짓된 명분 아래, 아내에게 그녀의 의지에 반하는 기괴한 성적 행동을 요구하기도 한다. 남자는 아내의 신체 가운데 성기 부분을 물리적으로 공격하거나 그녀를 성적 대상물로만 다루기도 한다. 또한 아예 섹스를 하지 않거나 섹스를 위해 그녀의 잠을 방해할 수 있다. 만일 그녀가 그의 제안을 거절하면, 그는 여러 번에 걸쳐 자신의 성적 환상을 만족시켜 줄 다른 여자를 찾아 갈 것이라고 위협하기도 한다. 그는 섹스를 강요하기도 하고, 강간하듯이 그녀를 다룰 수 있고, 심한 질투를 유발하는 모습을 보일 수 있다.

나는 앞에서 "협박"의 폭력을 정의하는 중에, 자기 아내에게 다른 남자와 함께 잠자리를 갖도록 요구하는 남편이 있다는 사실을 언급한 적이 있다. 이런 경우의 남편은 아내가 자신의 요구를 들어주지 않을 때 협박의 도구로 언제든지 활용하기 위해 이런 비인간적인 요구를 하는 것이다. 이것은 결국 성적 폭력에 해당한다.

성적 폭력을 행사하는 남자는 심하게 화를 내면서 주먹으로 아내의 가장 민감한 신체 부위를 때리기도 한다. 흔히 이런 남자는 그녀의 가슴

부위를 꼬집거나 쥐어짜거나 하여 참을 수 없을 만큼 괴롭힌다. 물론 이런 경우에 여자의 몸은 평생 지워지지 않는 상처를 입을 수도 있다.

이 책의 초안이 종결되기 바로 몇 주 전에, 콜로라도에서 자기 아내 글로리아를 끈으로 묶고는 부탄(butane) 횃불을 들도록 했던 한 남자가 체포된 일이 발생했다. 그녀의 남편은 그녀의 생식기에 산을 부어 다시는 성적 기능을 할 수 없을 만큼 심한 상처를 입히고 말았다. 성적 폭력을 행사하는 남자가 자기 아내의 생식기 부위를 손상시키는 것은 흔한 일이다. 그는 이렇게 생각한다. 즉 "만일 내가 그녀를 가질 수 없을 바에는, 그녀가 다른 남자와 관계를 가지고 싶어도 누구도 그녀를 원하지 않을 만큼 만들어 놓고 말 거야."

남성의 특권을 이용함

"남성의 특권"이라고 할 수 있는 폭력을 행사하는 자는 "자기의 아내"를 종처럼 다루고, 모든 것을 큰일처럼 부풀리며, 성주처럼 군림하려고 한다. 여러분은 집에 소위 "아취 벙커"(Archie Buncker : 집에서 텔레비젼이나 틀어 놓고 지내면서 완고하고 독선적인 삶을 살아가는 남자 – 역자주) 의자를 갖고 있는가? 여러분의 집에서 텔레비전 리모컨은 누가 가지고 있는가? 아마 대부분 남편의 소유가 되어 있을 것이다.

우리의 '가정폭력상담소'(Life Skills : 저자가 대표로 있는 단체 이름 – 역자주)의 한 교사는 24년 동안이나 법 집행관으로서 봉직했는데, 그는 최근에 남성의 특권에 대해서 가르치는 특강을 가졌다. 그 특강에 참석했던 경찰관 한 명이 그 다음 날 아침에 와서는 그에게 이렇게 말했다.

"나는 당신과 할 말이 있어요. 나야말로 아취 벙커 의자를 갖고 있어요. 그런데 나는 어제 저녁에 내 아내에게 그 의자를 불태워 없애

버리라고 말했어요. 나는 그 의자에 앉거나 올라가 지내곤 했지요. 아내가 원하는 것이 무엇이든 상관하지 않았어요. 그렇지만 이제 저는 변화되었어요. 이제부터는 내 가족과 시간을 좀 많이 보내려고 해요. 나는 직장 일을 마치고 집에 돌아가면, 내 의자에 앉아서 뒤로 몸을 젖히고는 TV를 켜고, 내 애들에게 물 한잔을 가져오도록 하고, 좀 기다렸다가 아내에게는 저녁을 차려오도록 하는 것이 내 일과였답니다. 거의 매일 밤 나는 의자에서 잠들었으며, 식구 모두가 침대로 간 후에 잠을 깨고는 일어나 침대로 가곤 했지요. 그런데 어제 저녁에는 아내와 아이들과 함께 저녁 식사를 했어요. 정말 기쁜 날이었어요. 내가 부엌에서 일했고 아내에게는 그 의자에 앉아서 그녀가 원하는 것을 하라고 말해 주었지요. 우리는 정말 좋은 저녁 시간을 보냈는데, 다만 내가 가지고 있는 두 마리의 독일산 세퍼드 개들은 예외였어요. 그 녀석들은 지난 7년 동안 내가 의자에 앉아 있으면 내 의자 양 옆에 앉아 있었는데 말입니다. 그들에게는 어제 아빠가 없었던 거지요. 그래서 그 녀석들은 어제 골이 잔뜩 나 있었어요. 개들도 하루 저녁에 그처럼 화를 내는데, 그동안 내가 신경 쓰지 못했던 내 가족들이 남자로서 내가 누린 특권에 대해서 어떤 감정을 느꼈을까요?"

싸움을 해결하는 데 있어서 가장 좋은 방법이 있다.

문제를 파악하여 서로를 공격하는 것이 아니라

그 문제 자체를 공격하는 것이다.

남편들아 아내를 사랑하며 괴롭게 하지 말라(골3:19)

3장 폭력에 대한 정의

남자들이 폭력을 행사하는 이유들을 더 잘 이해하기 위해서는, 무엇보다 먼저 이 사회가 남자들에 대해 얼마나 많은 기대를 갖고 있는지, 이러한 기대가 어떻게 내면화되어 있는지, 그리고 행동을 통해 자신을 어떻게 나타내고 있는지를 파악하는 것이 우선되어야 합니다.

앞에서 말한 폭력을 모두 누가 행하고 있는가? 여러분은 내가 말하고 있는 여러 유형의 폭력은 여성을 괴롭히는 남성에 관한 것임을 알 수 있을 것이다. 실제로 모든 가정 폭력의 95%는 남자가 여자에게 가하는 것이다.[1] 비록 남자가 사회적 경제적 수준이 있으며 모든 것을 갖춘 자라고 할지라도, 가해자와 피해자는 각각 아주 쉽게 판명될 수 있는 특징들을 갖고 있다.

폭력을 행사하는 남자의 공통된 특징

- 그는 낮은 자존감을 갖고 있다.
- 그는 폭력적 부부 관계에 관한 모든 미신들을 믿고 있다.
- 그는 남성적 우위와 가정에서의 고정 관념적 남성 역할을 신뢰하고 있는 보수주의자이다. 그는 자신이 "여성에게 교훈을 가르칠" 권리를 갖고 있다고 생각한다.
- 그는 자신의 행동에 대해 조언하는 다른 사람들을 오히려 비난한다.
- 그는 지나친 질투심을 갖고 있다. 그는 자신이 안전하다는 사실을 느끼기 위해 아내의 삶에 대해 과도하게 참견한다. 가끔 그는 그녀의 일상생활 전부에 대해 시간대별로 소상히 밝히도록 한다. 그는 늘 아내를 감시함에도 불구하고, 여전히 그녀가 만나는 모든 남자와 여자와의 관계에 대해 의혹을 품고 있다. 그리고 그는 의심되는 사건에 대해 자주 언어폭력을 사용한다.
- 그는 이중적 인격을 나타낸다.
- 그는 심한 스트레스의 반응을 보이는데, 이때 그는 술을 마시고는 아내를 때리거나 괴롭힌다.
- 그는 정력이 떨어지면 자신의 자존감을 높이기 위한 공격적 행위로서 섹스를 이용한다.
- 그는 자신의 폭력적 행동이 어떠한 부정적인 결과를 가져올 것이라고 믿지 않는다.
- 그는 특히 자기 부부가 문제를 가지고 있다는 사실은 부정하고 만일 자기 아내가 이 사실을 바깥에 알리면 격노한다.
- 그는 과잉 행동의 모습을 보여준다. 그는 해를 입히는 동안 (그는 이 동물적 행동을 다스릴 수 없어 보인다) 그리고 애정의 기간 동

안 (그는 관심, 사랑, 그리고 선물 등을 준다), 이런 일을 평소보다 지나치게 행한다.
- 그는 폭력 가정 출신이다. 그는 그의 아버지가 어머니를 때리는 것을 보았거나 스스로 폭력을 당했다.
- 그의 어머니와 그의 관계는 정상이 아니었다. 종종 서로 사랑하면서도 미워하는 상극적인 관계가 있었다. 그의 어머니는 그의 행동을 잘 다루었다. 하지만 그는 가끔 어머니에게 정서적인 가해를 했으며 대항했다.
- 그의 인격은 왜곡되어 있다. 일반적으로 혼자 고독하게 지내며 오직 피상적인 관계를 맺기 위해 사람들과 접촉한다.
- 종종 그는 다른 사람이 이룰 수 없는 큰 업적을 성취하기도 한다. 가해자들은 그들의 아내를 괴롭히는 일을 좋아한다. 대개 그들은 다른 사람들의 행동에 있어서 차이가 있는 것을 아주 빨리 알아차린다. 이때 그들은 평상시보다 훨씬 빠르게 다른 사람들에게 반응을 나타낸다. 스트레스를 받고 있는 동안에는, 그들은 자연스럽게 편집증 환자처럼 민감하게 반응한다.[2]

폭력을 당하고 있는 여자들의 일반적 특징

- 그녀는 아주 낮은 자존감을 갖고 있다. 특히 그녀는 스스로 할 수 있는 자신의 능력을 과소평가한다. 그녀는 자신의 재능을 의심하며 성공을 위해 어떠한 시도도 하지 않는다. 그녀는 아내로서의 자신의 능력에 대해 항상 의심을 가진다. 이와 같이 아내에 대해 남편이 늘 가하는 비판은 그녀로 하여금 스스로를 정죄하도록 만

드는 것이다.
- 그녀는 폭력을 행하는 남편의 행동에 대해서 자신이 죄의식을 가지며, 만일 자신이 변하게 되면 그의 행동도 변화될 것이라고 믿는다. 사실상, 그녀는 그의 행동에 대해 거의 혹은 전혀 영향을 주지 못한다.
- 그녀는 폭력적 부부 관계와 관련된 신화를 모두 믿고 있다.
- 그녀는 가정에 대해서 보수적이다. 즉 가족이 깨어져서는 안 된다는 기준을 신봉하고 있으며 여성으로서의 역할에 대해 규정대로 따른다. 그녀는 자신의 과거의 경력이 아무리 뛰어나다고 할지라도 기꺼이 포기하고자 한다. 그녀는 집안의 돈 지출에 대한 최종적 결정 권한을 남자에게 준다.
- 그녀는 폭력을 가하는 남편의 행동에 대한 책임을 자신이 지려고 한다.
- 그녀는 고통을 당하면서도 남편에 의해 잘못 형성된 죄의식으로 인해 그녀가 당하고 있는 공포심이나 분노감을 인정하지 않으려 한다. 그녀는 가급적 평화를 원한다. 그녀는 폭력 남편이 평화스런 마음을 유지하도록 하기 위해 주위 사람들 혹은 환경을 잘 조절하려고 노력한다. 그녀는 모든 사람들을 위해 안전한 분위기를 조성해야 하는 책임이 자신에게 있다고 스스로 믿는다.
- 그녀는 세상에 대해서는 수동적인 모습을 갖고 있지만 심한 폭력을 막고 피해를 당하지 않도록 하는 환경을 만드는 일에는 매우 적극적인 자세를 취한다.
- 그녀는 심리적, 육체적으로 불만을 품고 심한 신경질적 반응을 보인다. 일반적으로, 폭력을 당하는 여자는 육체노동을 하면서 늘 공포와 스트레스 아래 살아가고 있다. 그녀는 폭력을 당하는

동안에 발생하는 큰 고통은 잘 참아 내면서도, 피곤, 허리 통증, 두통, 휴식 없음, 잠을 자지 못하는 것, 우울, 염려, 그리고 의심 등과 같은, 정작 작은 일들에 대해서는 많이 불평한다.
- 그녀는 섹스를 친밀함을 유지할 수 있는 방법으로서 사용한다.
- 그녀는 자신을 제외한 그 누구도 그녀의 곤경을 해결하는 데 도움을 줄 수 있다고 생각하지 않는다. 그녀는 자신이 남편으로부터 최초로 폭력을 당하는 자라고 여긴다. 대다수의 이런 여성들은 자신의 아버지를 자신을 약한 인형과 같이 취급했던 전통주의자로 생각한다. 즉 그녀는 자신의 아버지가 그녀로 하여금 스스로를 돌볼 수 없으며 그래서 남자에게 의존해야 하도록 믿도록 만든 장본인이라고 여기는 것이다.
- 그녀는 아주 잘 속으며 다른 사람들에게 잘 의지한다.[3]

폭력 가정에서 자란 어린 아이의 일반적 특성

- 폭력 가정에서 자라나는 어린 아이들은 잠도 제대로 못 자는 고통을 당할 수 있다. (이들은 잠을 자는 동안에 많은 폭력을 당할 수 있다.) 그리고 이들은 적절한 영양 공급을 받지 못할 수 있다. 이러한 일들로 인해, 그들은 자신의 인생에 있어 육체적, 정서적, 심리적, 지적 장애를 입을 수 있다. 그들은 지속적으로 행해지는 아버지의 폭력에 대해 무력감을 느끼며 산다. 이러한 무력감은 종종 낙담으로 이어진다.
- 폭력 가정의 아이들은, 사회적, 경제적 계급, 그리고 모든 교육적, 인종적, 연령적 영역에서 발견되고 있다.

- 그들은 제한된 관용, 나약한 충동 억제력, 그러면서도 강한 인내심 등의 복합적 양상을 보인다.
- 그들은 낙담, 큰 스트레스와 심리적, 육체적 장애(육체적 장애는, 정신적 혹은 정서적 혼란으로부터 야기된다), 과도한 학교 결석을 경험하며, 내면적으로 기질 장애 (위축, 낮은 자존감, 과잉 행동 등)를 갖게 된다.
- 그들은 경제적, 정서적으로 자립되어 있지 않다. 따라서 그들은 약물 남용, 성적 오용, 도피, 고립, 고독, 그리고 공포 등의 위험에 크게 노출되어 있다.
- 그들은 자신감을 잃고 있으며, 그들 부모의 어린아이와 같은 반응에 대해서 힘들어 하게 된다.
- 그들은 낮은 자존감을 갖고 있다.
- 그들은 희망과 절망의 뒤섞임을 경험하게 된다. 여기서 절망은 도무지 벗어날 수 없는 완전한 절망을 의미한다. 유일하게 동료들만이 가장 중요한 접촉점이 될 수 있다.
- 그들은 그들의 동료와 사회적으로 점차 격리된다.
- 그들은 자신의 행동에 대해 부모들과 일종의 거래를 하면서 그들의 어머니 정도의 힘을 발휘할 수 있음을 보여주려고 한다. [4]

남편들은 여러 가지 이유로 폭력을 행사하지만, 그들의 아내에게 행사하는 그러한 폭력이나 폭압적 행동에 대해 미안한 마음을 전혀 갖지 않는다. 가정 폭력은 분명 범죄 행위다.

한 목회자가 울면서 이렇게 말했다. "나는 그 가정에서 발생하고 있는 폭력의 심각성에 대해 너무 과소평가했다는 사실을 인정합니다." 다음에 계속되는 이 목회자의 이야기는 가정 폭력의 현실을 잘 말해주고 있다.

나는 어떤 폭력을 휘두르는 남편의 아내와 함께 기도를 한 후에, 나는 그녀에게 집에 가서 더 열심히 노력할 것을 권했다. 그녀는 지나치게 상황을 과장되게 말하고 있으며 그녀의 남편은 정말로 불행한 시간들을 보내고 있을 것으로 추측했다. 이 여인은 겉으로는 얌전한 체하지만 그녀의 남편을 폭력적으로 만드는 재능을 가지고 있는 듯해 보였다. 그런데 그로부터 얼마 지난 후, 나는 그녀로부터 그녀가 남편과 목숨을 걸 정도의 심한 언쟁을 한 후에 병원 신세를 졌다는 말을 들었다. 그녀의 남편은 그녀를 구타했고 2층에서 계단 아래로 밀어 버렸다. 그녀는 큰 상처를 입었고 갈비뼈 몇 개가 부러졌으며 뇌진탕을 당했는데 피가 머리 안에 고였다.

이런 사건이 있기 전에 이 부인이 나를 찾아 왔던 것은 상담과 보호를 받기 위해서였는데, 목사였던 나는 이런 사실을 제대로 인지하지 못했던 것이다. 이러한 일은 그녀로서는 일생에 가장 용기 있는 행동 중의 하나였을 것이다. 그때 이미 나는 그녀에게 그리스도를 전하는 대신에, 내가 전적으로 무지하고 무능하며 남성으로서 잘못된 선입견을 가지고 있음을 인정했어야 했다. 나는 우리 교인 중에 그러한 폭력을 행사할 사람이 있다고는 생각하고 싶지 않았으며, 내가 그러한 일에 간여하여 내적 치료를 해 주기를 원하지 않았던 것이다. 나는 병원에 그녀를 방문하러 갔을 때 그녀의 눈을 쳐다 볼 수 없었다. 하지만 이 사실 만큼은 믿어 달라고 말하고 싶었다. 나의 공동체에서 아내 학대의 문제에 관한 모든 것을 배우기 시작했다는 사실을 말이다."[5]

가정 폭력을 경험하는 여자들 가운데 60% 이상이 도움을 청하기 위해 먼저 영적 지도자인 목회자를 찾는 것으로 조사되고 있다. 그런데 대부분의 경우에 영적 지도자는 폭력 가정의 형태를 이해하지도 못한 채, 그녀들을 남편에게 복종하도록 권하면서 집으로 돌려보낸다.

왜 남자들은 폭력을 휘두르는가?

남자들이 폭력을 행사하는 이유들을 더 잘 이해하기 위해서는, 무엇보다 먼저 이 사회가 남자들에 대해 얼마나 많은 기대를 갖고 있는지, 이러한 기대가 어떻게 내면화되어 있는지, 그리고 남자들이 행동을 통해 자신을 어떻게 나타내고 있는지를 파악하는 것이 우선되어야 할 것이다. 생물학적으로 남자의 특성은 쉽게 드러나는데, 얼굴에 수염이 나고, 사춘기 때는 목소리가 굵어지며, 또 생식기에 변화가 있게 된다. 그러나 실제적인 남성상은 자신이 살고 있는 사회에서 주도권을 쥐려고 하는 후천적인 행동 학습을 통해 이루어진다. 이러한 후천적 남성상에 대해서 우리는 다음과 같이 4가지 측면에서 생각해 볼 수 있다.

"여성적 요소는 안 된다"(No Sissy Stuff)

"sissy"는 여성과 같이 되는 것을 의미한다. 이는 소심하고, 나약하고, 여성처럼 행동하는 것을 가리킨다. 따라서 "No Sissy Stuff"는 여성적 특성과 행동을 받아들이면 안 된다는 것을 뜻한다. 대부분의 소년들은, 심지어 철이 드는 시기마저도, 인형, 여자, 그리고 다른 여성적인 활동들을 피하도록 교육받는다. 그들은 대부분 축구, 장난감총, 뛰어난 예체능 선수 등과 관련된 일들을 하고자 한다. 그들은 울어서는 안 되고, 자신의 감정을 내면에 가두고 바깥으로 표출하지 않도록 가르침을 받는다. 약한 모습은 결코 용납될 수 없다. 학교에서도 이웃 사람들에게 인정받기 위해서, 아이들은 자신의 성격을 철저히 포장할 수 있어야 한다. 이렇게 함으로써, 그들은 그들 주위 사람들뿐만 아니라 자신을 기만하는 것이다.

"큰 사람이 되어야 한다"(Be the Big Wheel)

소년들과 청년들은, 지도자, 대표 선수, 단체장, 회사사장 등이 되도록 이야기를 듣곤 한다.

'큰 바퀴'(Big Wheel)는 힘이 있으며 그래서 길을 잘 달린다. 남자들은 이 큰 바퀴처럼 되려고 하며 어떤 단체이든지 거기서 대장이 되려고 하는데, 이 단체는 폭력 집단, 운동 단체, 혹은 그 자신의 가정일 수도 있다. 큰 사람은 다른 모든 사람을 움직일 수 있는, 책임감 있는 사람이다. 남자는 잘못된 남성상을 갖고 있을지라도, 큰 사람이 되고자 하는 생각은 여전히 갖고 있다. 만일 직장에서 그런 사람이 되지 못하면, 집에서라도 그런 사람이 되고자 한다.

물론 우리의 사회는 이런 사람을 성공한 모델로 내세운다. 한 국가도 다른 국가들에게 큰 국가인 것처럼 내세우고자 한다. 거대한 사회에서, 남자들은 가장 큰 사람이 되고자 경쟁한다. 서양의 영화들에서도 가장 빠른 총잡이가 되도록 강조되고 있음을 볼 수 있다. 이러한 경쟁의식은 사람에게 불신감, 불안감, 소외감 등을 부추기며, 그 사람으로 하여금 내면으로만 몰입해 들어가도록 함으로써 자신이 마치 나약하지 않은 것처럼 느끼도록 만든다.

"강한 자가 되어라"

영어 속담에 이런 말이 있다. "강한 도토리나무는 작은 도토리에서부터 성장한다."(Mighty oaks from little acorns grow) 강한 도토리나무는 외부 환경에 잘 버티어 내며, 폭풍우에 굴복하지 않고, 고통에 영향을 받지 않는다. 남성다움의 신화를 잘 신봉하고 있는 남자들은 행복한 것과 격노하는 것, 이 양면성을 잘 드러내면서도 이 양극단 사이의 차이를 이해하지 못한다. 예컨대, 스포츠 프로 선수들은 이 사회의 가장 강한 자들처럼 보인다. 그들은 마치 고통이 존재하지 않는 것처럼 고통에 대해 인내하며, 상대방에게 위협을 가함으로써 위협을 제거한다. 그러면서도 그들은 쉽게 폭력을 행사하는 사람이 되곤 한다. 전통적인 남성다움이란 두려움, 고통, 신경과민, 불안감, 시기심, 슬픔과 같은 감정을 제한하는 것을 의미한다. 그런데 이러한 감정의 억압은 결국 분노, 격노, 폭력으로 바뀌게 된다.

"아내의 삶을 비참하게 만들라"

아내가 남편으로부터 여러 번 머리를 얻어맞거나 장기간 모욕을 당하고 있는데, 며칠 동안 남편이 말없이 지내고 있다면, 그녀는 어떤 희생을 치르더라도 남편을 행복하게 만드는 것이 중요하다고 생각하게 된다. 남성다움의 신화 속에 살아가는 남자는 남을 괴롭히는데 희열을 느끼는 사람 중에 하나다. 만일 사장이 이런 부류에 해당하는 사람이라면, 남편은 이런 사람 앞에서 일시적이지만 순종하는 태도를 취한다. 하지만 그런 남편이 집에 돌아오면, 분노와 좌절감을 아내 앞에서 터뜨려 버린다. 그의 이런 행동은 자신을 비참하게 만든 그의 사장에 대한 보복인 셈이다. 그는 이와 같이 다른 사람을 비참하게 함으로써 자신의 비참함에서 잠시 벗어나게 되는 것이다.

하지만 남자가 변화하기 시작할 때, 그는 갈등을 해결할 수 있는 여러 방법들이 있다는 사실을 알게 된다. 새롭게 변화된 남자는, 갈등은 해결될 수 있으며 그러한 갈등은 실제가 아니라 하나의 명목에 지나지 않음을 깨닫게 된다. 그는 분노가 다루어질 수 있는 반응적 감정이라는 사실 또한 인식하게 된다.

긴장 조성

폭력은 순차적으로 발생한다. 맨 처음에는 긴장이 조성되는 국면이 나타나고 그 다음에는 긴장의 폭발이 있게 된다. 그리고 아드레날린이 쏟아져 나오고, 소위 "허니문 단계"라고 하는 국면에 접어들게 된다. 남편은 자신이 폭력을 행사함으로써 결혼 계약을 깨뜨렸다는 사실을 알고 있다.

그런데 폭력을 당한 여성은, 긴장이 조성되는 단계, 즉 폭력이 일어나는 단계에 이르기 전에 남편에게서 피해야 한다는 사실을 알아야만 한다. 그녀는 긴장 조성 단계, 곧 격앙의 단계가 발생하면서 그의 행동을 감지했어야 한다. 하지만 많은 여성이 이때를 놓치고 폭력을 당한다. 폭력이 있기 전에 알아야 했던 것이다. [도표 2]에 나타나 있듯이, 분노를 인식하는데 있어서 남성의 능력과 여성의 능력에는 차이가 있음을 우리는 알 수 있다. 여기서 우리는 아내의 분노 문제를 다루려고 하는 것이 아니라 아내가 남편의 분노에 어떻게 대응하며 남편의 상태가 어떠한가를 다루려고 하는 것이다. [도표 2]의 두 선에서 볼 수 있듯이, 부부는 일정 기간 동안에는 잘 지낸다. 그런데 그 후에는 남편에게 어떤 일이 발생하며, 아내는 그의 분노가 격앙되는 것을 알 수 있다.

이때 남편에게서 나타나는 몇몇 징후들을 아래에 열거해 보았다. 이러한 것들은 아내가 볼 수 있는 외견상의 모습들이다.

(1) 붉어진 얼굴

[도표 2]

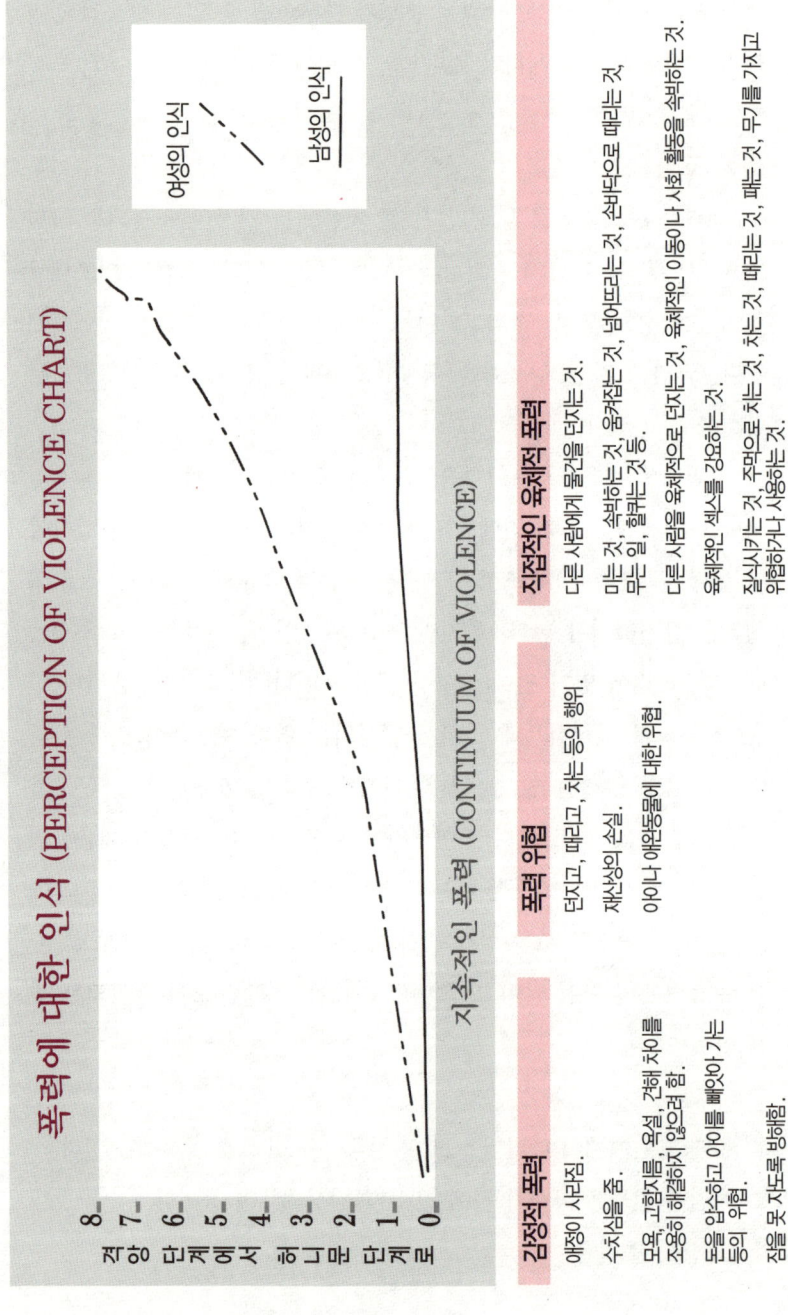

82 화내는 남편 상처받는 아내

(2) 언어적 공격, 빈정댐
(3) 몸짓에 나타나는 변화
(4) 눈에 띄는 긴장

남편은 육체적인 학대, 벽을 침, 고함지름, 비명지름, 비난을 퍼부음 등의 외적인 행동을 표출할 때까지는 자신이 화가 나 있다는 사실을 인식하지 못한다. 많은 경우에 남편은 이러한 일들이 분노의 폭발이라는 사실을 생각조차 하지 않는다. 단지 자신의 감정의 표현 정도로 여기는 것이다.

아내는 이러한 분노의 격앙이 강한 파괴력으로 다가올 수 있음을 감지할 수 있어야 한다. 만일 그녀가 폭력을 당한 적이 있다면, 그녀의 마음속에는 큰 상처가 자리 잡고 있다. 따라서 그녀는 무의식적으로 이러한 패턴에 익숙해져 있는데, 심지어 상당히 오랜 기간 동안 그렇게 될 수 있다.

이와 같은 패턴에 대해 살펴보도록 하자. 아내는 한 동안에는 그녀의 남편과 잘 지낼 수 있다. 그 다음에 남편에게 어떤 일이 발생할 수 있다. 여기서 말하는 어떤 일이란 대부분 직장에서 생길 것이다. 어쨌든 어떤 일이 생기면 다음과 같은 현상이 나타날 수 있다.

아내는 남편이 집 앞의 차도에 도착하는 것을 들었을 때, 그녀는 갑자기 복통을 일으킬 수 있다. 아내는 그 이유를 정확하게는 알지 못하지만, 남편이 집안으로 걸어 들어오면 그녀는 매우 긴장하게 된다. 아내는 그 과정을 이해하지 못하고는, 자신에게 "내가 왜 이러지?" 하고 묻게 된다. 아내는 남편이 집 앞 차도 안으로 차를 몰고 올 때 타이어가 돌아가는 소리에 대해 의식하지 못하겠지만, 그녀의 마음속은 그러한 작은 것들을 민감하게 포착을 하면서 그의 정상적인 패턴과는 다른 어떤 일이 발생하고 있음을 느낄 수 있다. 일반적으로 남편은 집 앞의 차도에 차를 들어서게 할 때 특별한 소음을 내지 않는다. 하지만 어떤 일이 발생한 날에는 평소보다 좀 빨리 차를 몰고 들어오게 되며 차를 멈출 때 타이어가 끼익 소리가 나도록 한다. 남편은 3, 4일 동안 연속적으로 이렇게 할 수 있다. 이것은 드디어 그의 분노 주기가 시작 되었으며, 그의 긴장이 격앙되고 있다는 것을 알리는 신호이다.

오래 지나지 않아, 남편이 차를 몰고 집으로 귀가할 때 아내는 끼익 하고 정차하는 타이어의 소리를 듣게 될 것이다. 그런데 이번에는 남편이 자동차 문을 아주 세게 쾅하고 닫는다. 아내는 무의식 가운데 이 자동차 문의 소리가 일반적인 때와는 다르다는 것을 감지한다. 2~3일이 지나서 남편이 다시 집 앞의 차도에 도착할 때 아내는 브레이크를 밟을 때 나는 찍 하는 소리, 끼익 하는 타이어 소리, 그리고 자동차 문을 닫는 쾅 소리를 함께 듣게 된다. 아내의 의식은 이것을 느끼지 못할 수도 있지만, 무의식 가운데서는 이것들을 감지하고는 복통을 더욱 느끼게 된다.

이러한 일이 2~3주 동안 지속될 수 있다. 그러던 중 어느 날 남편은 뒷문으로 들어오는데, 그는 평상시에 하던 것처럼 손으로 문 끝을 잡고 소리가 나지 않게 조용히 닫는 것이 아니라, 쾅 소리를 내면서 닫는다. 다시 2~3일이 지나 그는 문으로 들어오면서 문을 쾅 닫고는, 늘 해왔던 것처럼 아내에게 아는 체 하지 않고, 아내를 스쳐 지나가 버린다.

일주일 후에, 남편은 말조차 건네지 않게 되고 그래서 아내는 그에게 이렇게 말한다. "여보, 당신 괜찮아요?" 그러면 남편은 이렇게 내뱉는다. "어떤 일이 일어나면 좋겠소? 하긴, 그게 당신이 바라는 일이니까!"

아내는 평화를 회복하기 위해 노력한다. 하지만 남편은 아내의 이러한 노력을 남편 자신의 분노를 자극시키는 행위로 간주한다. 남편은 아내를 비방하기 시작하는데, 이때 아내는 이 문제가 잘 해결될 수 없는 일임을 깨닫게 된다. 아내는 자신이 고통당하고 있음을 마음 속 깊이 느낀다. 이러한 패턴이 시작되는 때와 실제적으로 폭력이 발생하는 때 사이의 기간 동안에, 아내는 상황을 좀 더 좋게 하기 위해 힘쓴다. 하지만 아내는 남편이 자신에게 거리를 두고 있다는 사실을 알게 된다. 아내는 남편이 좋아하는 음식을 요리하여 식탁에 내놓는다. 아내는 아이들에게 "얘들아, 어서 어서 너희들 장난감들을 치워, 아빠가 들어오셔."라고 말한다. 그러면 아이들은 얼른 자기들 방으로 들어간다. 아내는 자신이 생각하는 평화를 가져올 수 있는 모든 일을 다 해본다. 아내는 – 자신이 이미 알고 있는 – 남편에 의한 폭력 사태의 발생을 막아야하는 책임이 자신에게 있다고 스스로 생각한다.

이런 단계를 지나 남편의 분노가 고조되는 격앙 단계에서는, 아내는 상황을 잘 파악하여 폭력을 당하는 사람이 없도록 다른 장소에 피신해야 한다. 그리고 안전 계획을 마련해야 한다. 아내는 남편의 분노가 격렬해질 때까지 기다려서는 안 된다. 만일 아내가 분노가 격앙되는 패턴을 잘 파악하고 이해하고 있다면, 안전한 장소로 가야 한다. 그 후에 아내는 그에게 전화를 해서 이렇게 말할 수 있다. "나는 다시 폭력을 당하고 싶지 않아요. 당신은 지금 도움을 받아야 해요. 그렇지 않으면 결코 난 집에 들어갈 수 없어요."

분노 폭발 단계

분노의 격앙 단계를 지나면, 남편은 폭력을 행사하는 단계로 넘어간다. 즉 남편은 분노의 격앙 단계를 통과하여 분노의 폭발 단계로 접어드는데, 그 진행 속도는 아주 빠르다. 결국 남편은 그 단계에까지 이르는데, 아내는 그것이 수주일 동안 지속되는 것을 느끼게 된다. 이 기간 동안 아내는 마음 내면에 공포와 불안을 느끼며 그러한 상황을 피하거나 제거할 어떠한 방법도 없다고 생각한다. 남편이 발생시켜서 이미 진행되어온 그 공포에서 벗어날 방법은 전혀 없는 것처럼 느껴진다.

남편은 분노를 폭발시키면서 광란상태가 되며 실성하고 사람답지 못한 존재가 되고 만다. 이런 상태는 대개 8~10분간 계속된다. 그는 사실 자체에는 접근하지 않으려고 하면서도 자신이 지금 무엇을 하고 있는지는 알고 있다. 그러므로 그는 자신의 감정과, – 지킬박사와 하이드 같은 – 이중성을 다스릴 수 있는 것이다. 어쨌든 그가 광란적일 때 엄청나게 큰 피해가 발생한다. 이 때 그는 그의 아내를 죽일 수도 있다. 집을 부수는 난동을 부리면서 아내에게 폭력을 가할 수도 있다. 그러므로 남편과 아내가 폭력과 관련해서 함께 이야기를 하는 시간이 길면 길수록, 실제로 일어나는 폭력의 빈도수는 줄어든다.

아내는 119에 전화할 수 있다. 아마 경찰도 한 3-4년 동안은 신고에 즉시 출동해 줄 것이다. 만일 남편이 광란의 절정에 달했을 때 경찰이 집에 들어오면, 그는 살해될 수 있다. 왜냐하면 그는 지금 제 정신이 아닌 상태이기 때문이다. 그는 경찰에게 이렇게 말한다. "그녀는 내 것이야. 넌 여기에 있을 권리가 없어." 그는 경찰이 자신의 강한 가부장적 신념 체제를 침해한 것으로 간주하는 것이다.

잰(Jan)의 남편은 그들이 살고 있는 시에서 가장 큰 단체의 장(長)으로 봉사하고 있었다. 그녀는 그녀의 상담자들에게 자신이 남편으로부터 당했던 폭력에 대해서 설명했던 적이 있다. 그런데 이 상담자들은 그를 잘 알고 있었다. 혹은 적어도 그들은 그를 잘 알고 있다고 생각하고 있었다. 그들은 그녀에게 이같이 말했다. "그는 결코 그런 일을 할 사람이 아니에요." 하지만 실제로 한번은 이런 일이 있었다. 그는 자신의 일을 끝내고는 새벽 3시에 집에 들어와서 그의 아내 잰을

[도표 3]

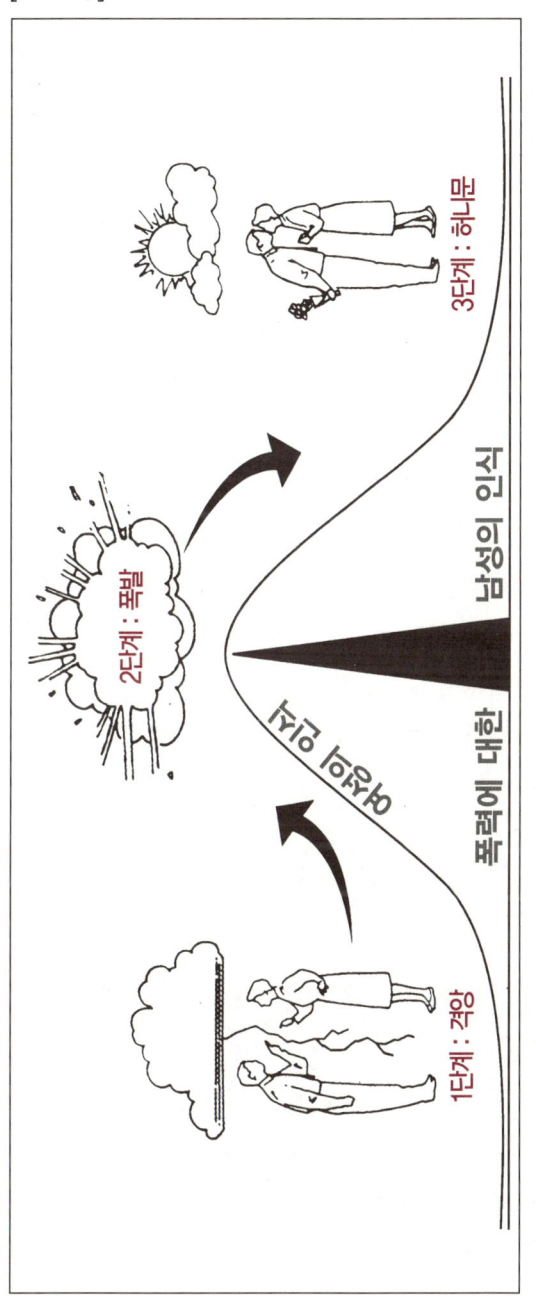

1단계 : 격앙 (ESCALATION)

위협, 언어적 학대
작은 육체적 폭력
부부 모두 행동을 조정하려고 노력함
사건을 부인하거나 축소하려고 함
긴장이 낯섬

2단계 : 폭발 (EXPLOSION)

큰 파괴
통제할 수 없을 만큼의 긴장이 고조됨
정서적 파멸
경찰이 개입될 수 있음

3단계 : 허니문 (HONEYMOON)

조용하고 친절함
가드와 꽃을 보냄
사과
약속을 함
구애, 초기 때의 애정을 회복함
승리의 삶을 시작함
본능적인 힘, 지배, 억압을 제어함

3장_폭력에 대한 정의 87

침대 밖으로 끌어내어 마구 때렸다. 그녀는 평소 잘 다니던, 약 500m 떨어진 밭으로 도망가다가 그곳의 어느 고랑에 빠져 버렸다. 그녀가 넘어지자, 남편의 발이 그녀의 머리 뒷부분을 강타했으며 그녀의 얼굴은 땅에 처박혔다. 그녀는 머리 뒤쪽, 즉 귀의 바로 뒤에 깊은 상처가 난 것을 느꼈으며 그리고 그가 총의 방아쇠를 당기려고 하는 소리를 들었다.

이것은 전형적인 지킬과 하이드 형태의 폭력적 인격에 속한다. 이는 전혀 올바른 성품을 갖추지 못한, 미성숙한 형태의 인격이다. 이런 인격에서는 살해, 폭행, 구타, 속임수 등 모든 종류의 가해 행동이 발생할 수 있다. 세상 사람들이 이러한 그의 이중적이고 거짓된 인격을 알게 되면 아내의 친구들과 그 남편의 동료들은 그가 폭력자라고 의심하게 되며, 심지어 그의 아내 역시 정신이 이상한 사람으로 간주하기까지 한다.

지킬과 하이드 형태의 남자는 두 양면적 인격을 각각 잘 간직하면서 주변 상황이나 아내를 잘 다스릴 수 있는 이런 저런 방법들을 구사한다. 아내는 그가 언제 어떻게 돌변할지 모르므로 늘 두려워한다. 하지만 아드레날린을 다 발산시키고 난 후 광란 상태가 격감되면, 그는 곧바로 아무 일이 없었다는 듯한 태도를 취하면서 화장실로 가서 머리를 빗고, 면도를 하고, 그의 셔츠와 겉옷의 매무새를 새롭게 고치기도 한다. 그리고는 문에서 자기를 찾아온 경찰관들을 기꺼이 만난다. 이때, 그는 그들에게 인사를 하면서 이렇게 말한다. "안녕하세요, 어서 들어오세요. 무언가 기분 좋지 않은 밤이에요. 전 당신들이 여기에 있으니 참 마음이 기쁩니다." 그는 그들이 부엌 안으로 걸어 들어 왔을 때 아주 쾌활하고 협조적으로 대해 준다. 그리고 그들은 그곳에서 그의 아내가 마룻바닥의 그릇장에 걸쳐져 아무렇게나 쓰러져 있는 것을 발견한다. 그녀의 머리카락은 풀어진 채 공중에 흩날리고, 눈 화장은 지워져 있으며, 코에서는 피가 흐르고, 옷은 찢어져 있고, 갈비뼈가 부러진 채, 무릎은 허리에까지 올라와 있다. 의자는 뒤집어져 나뒹굴고 음식이 벽에 붙어 있는 등, 완전히 망가진 부엌 가운데서 그녀는 흐느끼고 있었다. 그런데도 남편은 상쾌한 기분을 갖고 있고, 마음이 안정되어 있으며, 침착했기 때문에 오히려 아내가 정신이 이상한 사람처럼 비쳐졌다.

아내가 폭력을 당할 때, 폭력을 가하는 남편은 그녀로 하여금 정서적, 정신적 수준에 있어서 3~5세 정도의 아이처럼 되도록 만들며, 그 자신은 7~9세 정도의 아이처럼 행동한다. 그래서 경찰관이 그녀에게 걸어가 "아주머니, 이 상황에 대해서 말씀 좀 해 주실 수 있겠습니까?"라고 질문하면, 그녀는 한마디도 말하지 않는다. "우리가 아주머니를 가정폭력보호소에 모셔다 드릴까요?" 하지만 그녀는 가정폭력보호소에 가는 것을 두려워한다. 뿐만 아니라 그녀는 말하는 것을 두려워하고, 그를 떠나는 것의 결과 자체를 두려워한다. 그 이유는 결혼생활 내내 그녀의 남편이 휘둘러온 힘과 권세가 어떠하다는 것을 많이 경험했기 때문이다.

허니문 단계

만일 경찰관이 폭력을 행한 남편을 연행하지 않거나 법집행이 이루어지지 않은 채 그들이 떠나게 되면, 남편은 허니문 단계로 들어간다.

성경의 가르침에 따르면, 남편은 아내를 위해 기꺼이 죽을 수 있어야 한다(엡 5:25). 남편은 당연히 아내를 소중히 여길 수 있어야 하고 자신의 몸처럼 존중해야 한다. 하지만 남편이 그의 아내에게 폭력을 행사할 때, 그는 그러한 계약을 파기하고 만다. 그녀는 이 사실을 알고 있으며, 그 또한 알고 있다.

폭력을 행한 후에 남편이 가장 먼저 행하고자 하는 일은 자신의 몸을 정돈하고 침실로 가는 것이다. 하지만 가정 폭력은 전희(foreplay)가 아니다. 도대체 어떤 남자가 피를 흘리고, 갈비뼈가 부러져서 울며, 립스틱은 뒤범벅이 되고, 눈 화장이 지워져 있는 자기의 아내와 사랑을 나누려고 하겠는가? 그러나 어이없게도 이처럼 폭력을 행한 남편이 가장 먼저 하고자 하는 일은 그녀와 사랑을 나누는 일이다. 하지만 이것은 사실상 사랑을 나누는 것이 아니다. 이것은 섹스 행위도 아니다. 단지 '소유' 행위에 지나지 않으며, 또 하나의 폭력이다.

하나님의 계명을 어길 때, 우리는 결국 본능에 따라 사는 이성 없는 짐승과 같게 된다(유 10절). 남자가 그의 아내에게 폭력을 행할 때, 그는 계약을 깨뜨리고 있다는 사실을 알아야 하며, 따라서 그가 첫 번째로 행해야 하는 일은 그녀와의 계약을 회복하는 것이다. 남자에게 있어서, 섹스는 계약에 따라야 한다. 우리가 폭력을 행함으로써 결혼 관계에 있어서의 계약을 파기할 때, 남편은 타락한 동물적 본능에 따라 그녀에게 접근한다. 그가 섹스로써 그녀에게 접근하는 것은 곧 그녀를 소유하는 것에 지나지 않는다. 남편은 이러한 타락한 방법으로 결혼 계약을 회복한다고 생각한다. 그러나 아내에게 있어서 그러한 행위는 가장 공허한 느낌에 지나지 않는다.

이것은 사랑에 관한 행위가 아니다. 더구나 섹스에 관한 행위도 아니다. 관계에 관한 행위도 아니다. 이것은 단지 소유권에 관한 행위에 지나지 않는다. 그는 그녀에 대해 다시 한 번 정복함으로써, 이러한 폭력 행위는 계속 반복될 뿐이다.

만일 아내가 남편에게 "당신이 전문가에게 도움을 청하여 이러한 행위를 중단하기까지는 결코 나를 사랑하는 것이 아니에요."라고 말한다면, 그는 구애 과정을 행한다. 그는 꽃을 사오거나 밖에 데리고 나가 외식을 시켜주기도 한다. 또한 교회에 함께 가거나 상담자에게 찾아갈 것이라는 약속도 한다. 그는 집을 리모델링 하자고 하며 모든 것을 다시 시작하고자 한다. 하지만 만일 그가 진짜 중요한 핵심 문제를 다루지 않는다면, 문제는 다시 재발된다. 그가 그 자신을 변화시키지 않았기 때문이다.

남편이 허니문 단계에 들어갈 때, 그의 아내는 그 기간 동안 만큼은 그녀가 처음에 사랑에 빠졌을 때 보았던 그 남자의 좋은 일면을 잠시나마 다시 보게 될 것이다. 하지만 그 좋은 일면은 위선적 일면에 지나지 않는다는 사실에 문제점이 있다. 이것은 그의 진실한 내면이 아니다. 폭력을 행한 남자는 그 내면이 병들어 있다. 그의 내면과 성품은 전혀 발달되지 않았으며, 어두운 면이 그를 지배하고 있다. 그가 그 자신의 행위에 대해 책임을 느끼고 그의 내면과 성품의 발달에 있어 도움을 줄만한 일을 시작할 때까지는 결코 폭력은 중단되지 않을 것이다.

이 시기에 보여지는 회복된 남편의 행동은 단지 아내가 바라는 희망에 지나지 않는다. 적절한 간여가 없다면, 그는 지속적인 변화를 이룰 수 있는 능력이 없기 때문에 그는 변명만 계속하게 될 것이다. 약속은 깨어지고 폭력은 주기적으로 반복된다. 아내는 그에게서 후회의 기미를 보긴 한다. 그리고 그가 또 약속하는 것을 듣기도 한다. 하지만 그녀는 그와 사랑에 빠졌던 과거의 희미한 그림자만을 볼 수 있을 뿐이다. 결국 그녀는 늘 그가 변화될 것이라는 희망 아닌 희망만을 붙잡고 살아가게 된다.

또 누구든지 나를 믿는 이 소자 중 하나를 실족케 하면
차라리 연자 맷돌을 그 목에 달리우고 바다에 던지움이 나으리라 (막9:42)

4장 유년기의 상처

어린 아이 때의 마음의 상처가 어떻게 우리의 삶에 영향을 주는 것일까요?
결코 치료되지 않는 심적 상처는 우리의 생존 본능에 자꾸 호소하게 만듭니다.
그들은 대부분의 상황에서 아주 잘못된 방법으로 대처하는 것을 익힙니다.

유년기에 받은 상처는 그의 일생 전체에 영향을 준다. 심리학자들은 이것을 가리켜 '고착'(fixation)이라고 한다. 간단히 말하자면, 이 고착은 정신적 상처로 인해 정서적 성장이 정지되는 현상을 의미한다. 정신적 상처는 (한 인간의 유년기 내의 거부 현상과 같이) 계속 진행이 될 수도 있고, (부모가 죽었을 때처럼 잠시 유지되는) 단 기간 동안의 두세 사건의 연속으로 이루어질 수 있으며, 혹은 (강간, 성폭행, 혹은 다른 육체적 폭력과 같이) 하나의 매우 크고 충격적인 사건에 의해 생길 수 있다.

일반적으로 유년기 때에 정서적 성장을 정지시키는 정신적 상처에는 크게 4가지 부류가 있는데, 즉 거부, 성적 가해(근친상간이나 성폭력), 정서적 폭력, 그리고 육체적 폭력이다. 이들 4가지 중에 어떤 한 가지 상처 혹은 그 이상의 복합적 상처는 어린 아이의 정서적 발전을 방해하며 남자든 여자든 그로 하여금 정서적으로 다른 사람과 단절되게 만들어 버린다. 그 고통은 나이 어린 아이가 다루기에는 너무도 크다. 아이는 정신적 상처를 일으키는 상황의 현실을 볼 수 있는 능력을 갖고 있지 않다. 오히려 어린 아이는 어른의 비정상적 행위에 대한 책임 의식을 갖고서는, "나는 왜 그로 하여금 내게 그렇게 행동하도록 만드는 것일까?"라고 생각한다.

바울은 고린도 교회 성도들에게 이렇게 적었다. "내가 어린 아이였을 때는 어린 아이와 같이 말하고 생각하고 판단했다. 그런데 이제 어른이 되어서는 나는 어린 아이의 방식대로 행하지 않고 이것들을 버렸다(고전 13:11).

어린 아이는 어른과 어떻게 다르게 생각하고 판단하는가? 조사에 따르면, 사춘기 이하의 아이들은 추상적인 개념을 이해하거나 또 전체적 그림을 그릴 수 있는 두뇌를 갖고 있지 않다. 어린이는 어떤 주어진 시간에 단 하나에만 집중한다. 그들은 구체적인 개념 안에서만 사고하는 것이다.[1]

거리에서 공을 튀기다가 멀리 도망간 공을 쫓아가는 어린이는, 공을 다시 잡는 데만 집중한다. 그러나 그의 아버지는 자동차가 다가오는 것을 보고, 그 자동차의 속도를 생각하며, 아이를 향해 고함을 지르고는, 그를 구하기 위해 달려간다. 심지어 공이 자동차 옆을 지나갈 때에라도 아버지는 그렇게 한다. 하지만 아이는 오직 공만을 바라본다. 나이에 있어, 그는 오직 '현재'에 대해서만 생각한다. 아이는 자기중

심적이며, 나 중심적이며, 순간적인 만족만을 추구한다. 하지만 어린이는 어떤 제한을 필요로 하고, 또한 권위에 대한 순종을 배우며 불순종했을 때의 결과에 대해서도 배울 필요가 있다. 어린이에게는 사회의 조직과 규율을 가르쳐야만 하는 것이다. 그렇지 않고 지내다가 만일 어린이가 거부, 성폭력, 감정적 폭력, 혹은 육체적 폭력에 의해 마음에 상처를 받게 된다면, 그는 자신이 사랑을 받을만한 가치도 없는 자라는 공포심을 갖게 됨으로써 정서적 성장이 멈추게 될 수 있다. 그는 자신의 자존심을 잃게 되고 성격 결함을 갖게 되며 무기력하게 된다.

어떻게 아이의 정서적 성장을 도울 것인가?

유대 전통에 따르면, 인간의 삶에는 세 가지 단계가 있다.[도표 4]를 보라. 첫 번째는 출생부터 12세가 될 때까지의 '지시의 나이'(age of directives)이다. 잠언서 22:6에는 이렇게 기록되어 있다. "마땅히 행할 길을 아이에게 가르치라 그리하면 늙어도 그것을 떠나지 아니하리라." 이 단계에서는, 가족에 대한 의존이 지배적이다.

13세에 유대 소년은 성년 축하식(bar mitzvah)을 갖게 된다. 이 예식은 유년기로부터 성년기로의 이전을 의미한다. 이제 아이는 공식적으로 '결정의 나이'(age of decision)에 들어간다. 이때 랍비는 성년 축하식을 준비하는 소년에게 이렇게 말한다. 즉 "이제 너는 책임을 지는 나이가 되었단다. 너는 너의 행동에 대한 책임을 져야 한단다. 너는 네가 행하는 것에 대한 책무를 갖게 되는 것이란다. 인생을 살아가면서 너의 결정에 대한 결과들이 나타나게 되는데, 넌 그러한 결과들에 대해 책임을 지게 되는 거지. 넌 이제 어른이 된단다. 넌 결정을

[도표 4]

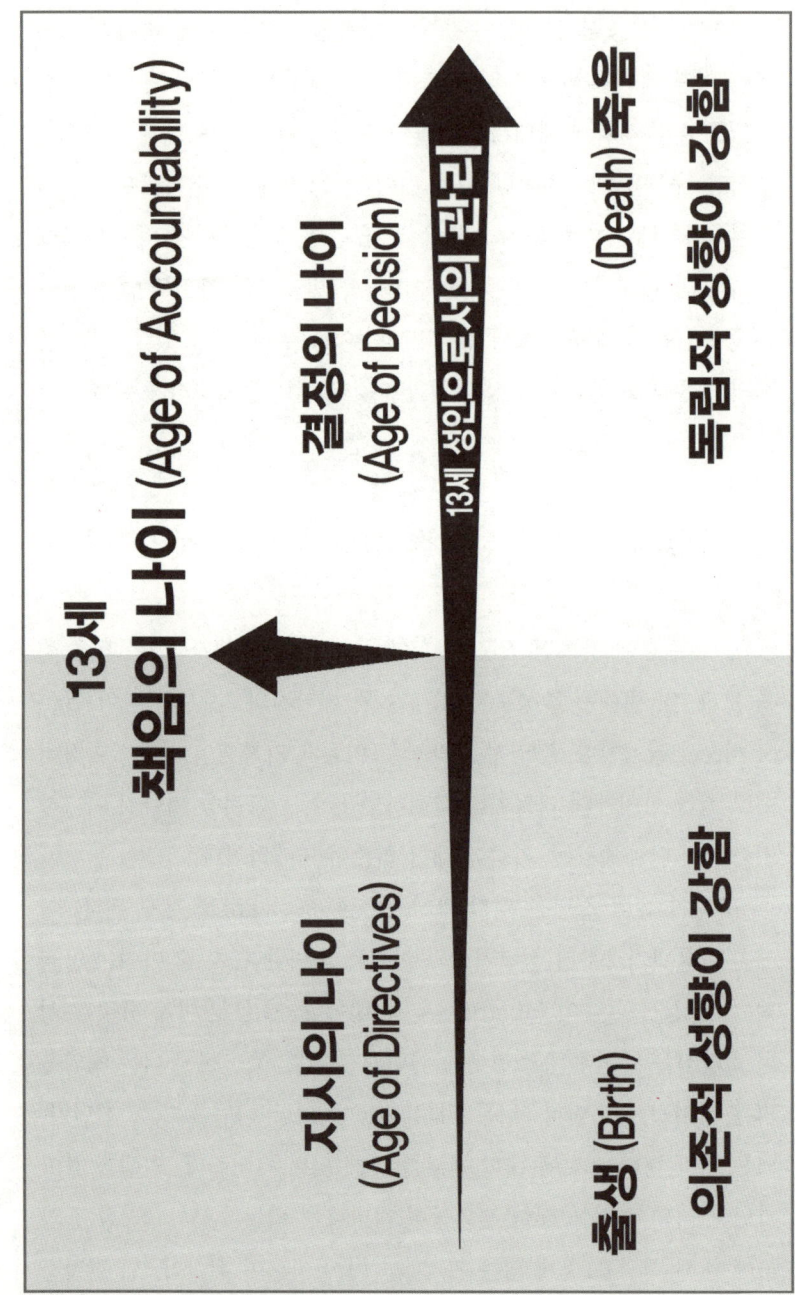

하고 그 결정에 대한 책임을 지는 세상으로 들어오게 되는 거란다. 오늘은 우리가 너의 부모로 하여금 너의 행동에 대해 책임지는 것을 이제 벗어나게 해 주는 날이란다."

그리고 유대 전통에서는, 비록 결혼을 했을지라도 나이가 30세가 될 때까지는 성숙한 어른으로 인정받지 못한다. 예수님이 공적 사역을 시작하신 것도 바로 이때였다. 이 나이에 이를 때까지, 즉 13세에서 30세 사이의 17년 동안의 시기는 '부모로서의 관리 기간'이라고 불린다. 서양의 전통에 의하면, 이러한 17년 동안의 부모로서의 관리 기간을 갖지 않고, 기껏해야 약 5년 정도의 기간뿐이다. 유대인들이 사업, 경제 분야에서 성공하고 두각을 나타내는 이유들 중의 하나는, 남자들 모두가 이 17년 기간을 통해, 결정을 내리고 또한 가족 가운데 앞선 남자들의 길을 따라 걷는 경험을 하게 되기 때문이다. 그들은 이 기간 동안 성경에서 가르치는 대로 현실적인 삶을 체득하고 지혜로운 방식대로 살아가는 삶을 배우게 되는 것이다.

앞에서 말한 대로, 각 개인은 13세에 '결정의 나이'(age of decision)에 들어간다. 그리고 사람들은 이 단계를 죽을 때까지 지속한다. 사람들은 나이가 들어감에 따라 자신의 결정에 대해 보다 확신을 갖게 된다. 사람들은 많은 선택을 할 수 있고, 앞으로 나아갈 수 있다. 그리고 자신이 내린 결정은 성공적일 수 있다. 정상적인 13세, 14세, 15세 아이들은, '지시의 나이'에서 '결정의 나이'로 이전해 가는 것이다.

인생에 대해 이처럼 3단계로 이해하는 유대인의 전통은, 현대 심리학자들의 연구 결과와도 일치한다. 사람들에게 일반적으로 인정받고 있는 어린이 성장에 대한 견해가 있는데, 곧 에릭 에릭슨(Eric Erickson)의 학설이다. 그는 인간의 일생을 8개의 발달단계로 나누어 설명한다. 우리는 이것들 중 처음의 6단계[도표 5]에 관심을 두고 살펴볼 것이다.

종합적 관찰

어린 아이 때의 마음의 상처가 어떻게 우리의 삶에 영향을 주는 것일까? 결코 치료되지 않는 심적 상처는 우리의 생존 본능에 자꾸 호소하게 만든다. 그래서 어떤 대가를 치르더라도 살아남으려고 한다. 한마디로 살아남으려는 우리의 욕구인 셈이다. 그러나 어린 아이들은 그들의 환경을 변화시킬 경험이나 능력을 가지고 있지 않다. 그래서 그들은 대부분의 상황에서 아주 잘못된 방법으로 대처하는 것을 익힌다.

마음의 상처로 인해 정서적 성장이 멈추었다면, 내면적 성격은 정상적으로 성장하지 못하게 될 것이다. 그 대신에, 아이는 남들로부터 거부당하지 않기 위해 가식을 행하는 위선적 인격을 갖게 될 수 있다. 이러한 과정에서 아이는 자신에게 중요한 사람들의 기대를 만족시키기 위해 노력은 하지만 진정한 인격적 성장은 얻지 못하게 된다. 다른 사람과의 관계 및 자신의 인생 관리 등 정말로 중요한 문제를 풀어가는 능력의 발달은 정지되고 마는 것이다.

분노 관리

분노를 관리하고 격노의 원인이 무엇인지를 규명하는 능력은 어른에게만 있다. 만일 내가 여러분으로 하여금 나를 화나게 만들도록 허락하지 않는다면, 여러분이 어른인 나를 결코 화나게 만들 수 없다. 나는 여러분이 나를 조종하여 화내도록 허락하지 않을 수 있으며, 정

에릭 에릭슨의 '인생 6단계'

단계	나이 (대략)	임무	현 상	미성취 때의 현상	성취 목표
1	유아기 (출생~1세)	기초적 신뢰	육체적, 정서적으로 엄마에게 절대 의존, 자신들이 경험하는 일들에서 질서와 안정감 추구, 애정과 사랑과 관심의 대상이 되고자 함.	기초적 신뢰가 없어짐, 무질서와 혼란의 삶, 육체적, 정서적으로 병들고 상처입음, 도덕적 결함과 자폐증과 지능 저해 현상이 나타남.	추구와 희망
2	유년기 (1~3세)	자립	스스로 두 발로 섬, 스스로 음식을 먹음, 육체적 기능을 조절함, 기초적인 필요한 것을 언어로 표현함, 무엇을 선택함, 예와 아니오를 말하는 것을 배움, 예와 아니오를 수용함, 할 수 있는 것과 할 수 없는 것의 사회 규율을 익힘.	수치심과 의심, 자립심이 결여되어 늘 수동적으로 다른 사람에게 의존함, 자신의 뜻을 주장하지 못하고 과도하게 복종적이 됨, 혹은 아니오 하는 것을 받아들이지 않고 늘 반항적임, 문제아의 요소가 있을 수 있음.	자제, 의지력
3	유치원생 (4~6세)	자발	시, 공간 개념을 배움, 걸어가고 돌아올 수 있음, 미래의 관점에서 생각할 수 있음, 기억력이 증강됨, 어른 역할을 하기 시작함, 가족 관계 속에서 사랑, 협력, 안전이 강화됨, '도덕적' 사람이 되려고 함.	죄책. 자제력을 상실함, 경쟁심이 과도한 경쟁적 인간이 되도록 만듦, 늘 규칙을 지키지 않으려고 함.	지시와 목표
4	초등학생 (6~12세)	근면	사회 관계를 배움, 서양에서는 '3Rs'(읽기, 쓰기, 셈하기)을 배움, 사회 구조를 이해하기 시작함, 자신에 대한 가치성과 능력을 느끼기 시작함.	열등감. 근면하지 못하게 되면, 다른 사람과 비교해서 열등감을 느끼기 시작함, 근면에 대해 지나치게 요구받게 되면, 일 지향적인 사람이 될 수 있고 사회에 적응하지 못하게 될 수 있음.	방법과 능력
5	사춘기 (12~성년 초기)	정체성	성적 성장과 성적 정체성, 인생에 있어서의 역할을 발견함, 가족들과 구별하여 자신이 누구인지를 곰곰이 생각함, 바깥의 친구들과 사귐, 가족을 멀리함.	역할 혼란, 가족과 구별되는 자신만의 정체성을 갖지 못할 수 있음, 사회적으로 어른이 되지 못하고 성적으로 안정되지 못할 수 있음.	헌신과 충실
6	어른 초기	친밀	감정, 관심, 문제 등을 다른 사람과 공유하는 것을 배움, 나대신 우리를 배움, 다른 사람들. 가족, 장소, 공동체 등에 협력함, 안정성을 성취함.	소외, 다른 사람들과 친밀해지지 못함, 소년기의 감정 지향성 및 자기만족에 고착됨, 책임을 피함, 기초와 안정성이 없음.	연합과 사랑

[도표 5]

말로 나는 나 스스로를 그렇게 조절할 수 있다. 하지만, 아이를 화나게 만드는 것은 보다 쉬운 일이다. 왜냐하면 아이는 그럴만한 능력이 없기 때문이다.

여러분은 아주 단순한 성격의 소유자를 대한 적이 있는가? 아마 이 사람은 아이처럼 자주 마음의 상처를 받는 사람일 것이다. 이런 사람의 어린 아이 같은 행동이나, 감정을 다스리는 능력의 부족으로 인해, 다른 사람들은 항상 그에 대해 긴장하고 있어야 한다. 이 사람은 무엇이 잘못되었는지를 모르는 상태에서 내적으로 아이와 같은 행동을 한다. 이 사람은 세상의 모든 사람들이 그의 감정에 잘 반응해 주어야 된다고 생각하면서 살아간다. 만일 이 사람처럼 우리의 내적 성장이 멈추어지게 되면, 분노의 관리는 다룰 수 없는 영역에 속하게 된다.

협동

내적 성장이 멈추어버린 사람은 협력하는 일을 하는데 종종 실패하게 된다. 자기 주관에 따른 결정을 하는 것은 중요하지만, 내적 성장이 정지되어 있는 사람은 모든 사람들로 하여금 자기 방식에 맞추도록 요구한다. 만일 자기 방식을 고집하지 못하게 되면, 그는 실망하고 위축되고 만다. 예를 들어, 만일 자기 의견이 교회 제직회에서 받아들여지지 않으면, 그는 낙담하여 포기해 버리거나, 자기 의견이 받아들여지도록 만들기 위해 제직회 밖에서 사람들을 만나 설득하려 할 것이다. 직장에서도 마찬가지다. 만일 우리의 내적 성장이 정지되어 있으면, 우리는 협동하여 일하는 것을 못하게 된다. 가정, 직장, 그리고 영적인 삶에 있어서 협동은 반드시 필요한 요소다.

갈등 해결

갈등 해결에서의 문제점은, 내적 성장이 멈춘 사람들에게 있어서 항상 일률적으로 나타나는 현상은 아니다. 남자는 갈등을 해결할 수 없다면, 해결되지 않은 채로 그대로 내버려 두는 경향이 있다. 그 갈등은 그를 그렇게 많이 괴롭히지 않는다. 그러나 여자는 다르다. 여자는 갈등하는 순간에 그것을 해결하기를 원한다. 만일 여자는 자신의 인생에 해결되지 않은 갈등이나 문제를 갖고 있으면, 그것을 반드시 풀기를 원한다. 여자는 종결을 원하지만, 남자는 종결을 원하지 않는 편이다. 이들 성인에 비해, 어린 아이가 갈등을 갖고 낙담을 하고 마음의 상처를 입게 된다면, 그는 어떻게 하는가? 그의 엄마나 아빠가 도와줄 것이다. 그러나 내적 성장이 멈춘 남자의 경우 그는 자신의 문제를 안고 자기의 아내가 해결해 주기를 기다리는 모습을 우리에게 보여준다. 이때 아내는 희생자처럼 그 남자의 문제를 떠안게 되고 자신의 남편인 당사자가 그것을 해결하기를 바란다.

목표 지향

일반적으로 남편에 의해 폭력을 당하는 여자는 그 남편에 대해 "당신들은 그가 좋은 사람처럼 보이고, 대단히 위대한 생각을 가지고 있는 인간으로 여기고 있지만, 알고 보면 그는 이 세상에서 가장 사기꾼인데다가 거짓말쟁이야." 라고 말한다. 내적 성장이 멈춰진 사람들은 종종 높은 목표들을 설정하게 된다. 이때 그는 성취가 불가능한 목표를 설정할 것이며, 나중에 그 목표를 결코 이룰 수 없다는 사실을 깨닫고 스스로 분노하게 될 것이다.

예를 들어, 남자가 목표를 설정할 때, 그는 그의 아내에게 그가 무엇을 행할 것인지를 설명한다. 그리고 그는 그 목표를 향해 전력을 다한다. 하지만 그는 결코 그 목표에 도달할 수 없다. 약 6개월이 지난 후에, 그는 새로운 목표를 세우게 된다. 그가 이 문제에 대해 그의 아내에게 말하려고 할 때, 아내는 이렇게 말하고 싶을 것이다. "당신은 세상에서 가장 어리석은 거짓말쟁이예요." 하지만 그녀는 이 말을 하고 폭력을 당하게 될까봐 두려워서 그가 이뤄낼 것이라고 동조하는 말을 하지만, 실제로는 그가 달성하지 못한 여러 내용들을 떠올릴 것이다. 그러면서 그녀는 그를 허풍쟁이요 거짓말쟁이로 바라볼 것이다.

남편이 "나는 이것을 행하려고 해."라고 말할 때, 사실상 그는 마음속으로 이미 그것을 다 행해 버렸다. 즉 내적 성장이 멈춘 남자로서 그는, "나는 그것을 행하려고 해."라고 말함으로써 자기 과시를 하려고 하며, 그러고는 하나의 프로젝트를 시작하는데, 결국 그는 그것을 완성하지 못한다. 그는 앞으로도 끝맺지 못할 많은 일들을 갖고 있으며, 또한 끝맺지 못한 많은 과거의 일들도 갖고 있다.

아버지가 아침에 출근하면서 딸에게 이렇게 말한다. "얘야, 오늘 저녁에는 꼭 너를 데리고 나가 바깥 구경을 시켜 줄게. 꼭이야!" 그러나 이 아버지는 저녁이 되어도 나타나지 않는다. 그런데도 여전히 딸은 아버지가 집에 올 것이며 아버지가 약속한 것을 지킬 것이라고 생각하면서 하염없이 기다리다가 결국 지치고 만다. 그러다가 딸은 잠이 들고 엄마가 딸을 데리고 침대에 누인다. 이 아빠는 딸을 실망시킨 셈이다. 그런데도 이 딸은 나중에 아빠와 같은 남자와 결혼을 한다. 그녀는 이런 유형의 남자들에게 익숙해 있기 때문이다. 결혼한 남편은 반복적으로 그녀를 실망시킨다. 대부분의 사람들은 그녀가 남자를 신뢰하지 못하는 이유에 대해 의문을 가진다. 하지만 그녀는 약속을 했지만 실행에 옮기지 못했던 아버지에게 이미 오래 전부터 마음의 상처를 입고 있었던 것이다. 마침내 그녀는 많은 좋은 생각과 목표를 갖고 있는 남편에게서 자신의 아버지와 같은 결과가 나타날 것이라고 짐작한다. 그래서 그녀는 이렇게 말한다. "난, 그것이 결코 이루어질 것이라고 생각하지 않아요."

감정적 친밀함

상처로 인해 내면적 발전에 장애를 갖고 있는 사람은 감정적 친밀함의 중요성을 제대로 알지 못한다. 사춘기 때에 아이들은 사실상 성적(性的)이지 못하다. 그런데 이때 아이가 어떤 연속적인 사건이나 오랜 기간 성폭력이나 성적 피해를 입게 되면, 그 아이는 심각한 성적 혼란을 겪게 된다. 만일 어린 아이 때 성적, 정서적, 혹은 육체적으로 상처를 입게 되면, 특히 남자의 경우 결혼은 성생활을 위한 것이며, 감정적인 친밀감은 어머니에게서나 느끼는 것이라 생각하게 된다. 그래서 남편은 아내에게 이렇게 말한다. "나는 아내를 원하지 어머니를 원하는 것이 아니야." 남편은 성적으로 많은 관심을 가지고 아내를 만족시키려고 여러 가지 시도들을 해보지만, 이 모든 노력이 실패에 이르는 까닭은 어른에게 있어서 성적 친밀함이란 감정적 친밀함이 우선되어야 한다는 사실을 인식하지 못하기 때문이다.

재정 관리 및 책임

내면적 발전에 장애를 갖고 있는 사람은 오랜 기간 동안 재정적 어려움을 겪을 수도 있다. 우리는 삶에서 행복을 느끼지 못하기 때문에 모든 일에 지치게 된다. 우리는 무언가 잘못되고 있음을 알게 되며 그런데도 계속 소비하고 또 소비한다. 그리고 결국 신용 카드가 한계에 도달하게 된다. 마침내 우리는 재정 파탄에 직면하게 된다. 대부분의 경우 우리는 자신을 위한 치유 프로그램을 수용하지 않으려고 하는데, 그 이유는 이러한 프로그램은 손으로 만질 수 없기 때문에 확실한 것처럼 느껴지지 않기 때문이다. 재정적 문제에 있어서는, 어린 아이와 같은 성향이 우선적 자리를 차지하고 있다. 우리는 우리가 무엇을 원할 때 원하는 것이 구체적이어야 한다고 생각한다. 그래서 우리는 물건과 같은 실제적인 것은 구입하기를 원하면서도 내적인 치유와 같은 눈에 보이지 않는 것에 대해서는 투자하려고 하지 않는 것이다.

내가 쥬디와 처음 결혼 했을 때, 그녀는 내게 이렇게 말하곤 했다. "은행에 저축된 돈이 얼마나 되죠? 먹을 게 떨어졌어요. 장을 봐야 해요." 이때 나는 대답했다. "도대체 무엇을 알고 싶은데? 당신은 은행에 돈이 얼마나 있는지 알 필요 없어."

남편과 아내 사이에는 둘 다 재정에 관한 모든 것을 아는 것이 정상이다. 현재 빚이 얼마인지를 둘 다 알아야 한다. 만일 부부 모두 일을 하고 함께 통장을 사용한다면, 둘 다 재정이 어떻게 돌아가고 현재 가지고 있는 돈이 얼마인지를 파악하고 있어야 한다.

재정적 문제에 있어서는 그것이 많든지 적든지 간에, 두 사람 모두가 알고 있어야 한다. 또한 돈을 쓰는 문제에 대해서 대화할 수 있어야 한다. 그러나 정신적으로 성장이 멈추어 있는 사람들의 경우를 보면, 상대방에게 집의 재정에 대해서 전혀 접근하지 못하도록 막는다.

나의 아내 쥬디는 식료품 등을 사기 위해서 집안에 늘 여분의 돈을 가지고 있어야만 했다. 하지만 당시 나는 정신적으로 성장이 멈추어져 있었기 때문에 재정에 대해서 상관하지 못하게 했다. 내게 있어 아내 쥬디는 어머니 같이 느껴졌고, 그래서 나는 그녀에게 화도 내고 반항하기도 했다. 나는 내가 가족의 머리였기 때문에 집안의 돈은 모두

[도표 6]

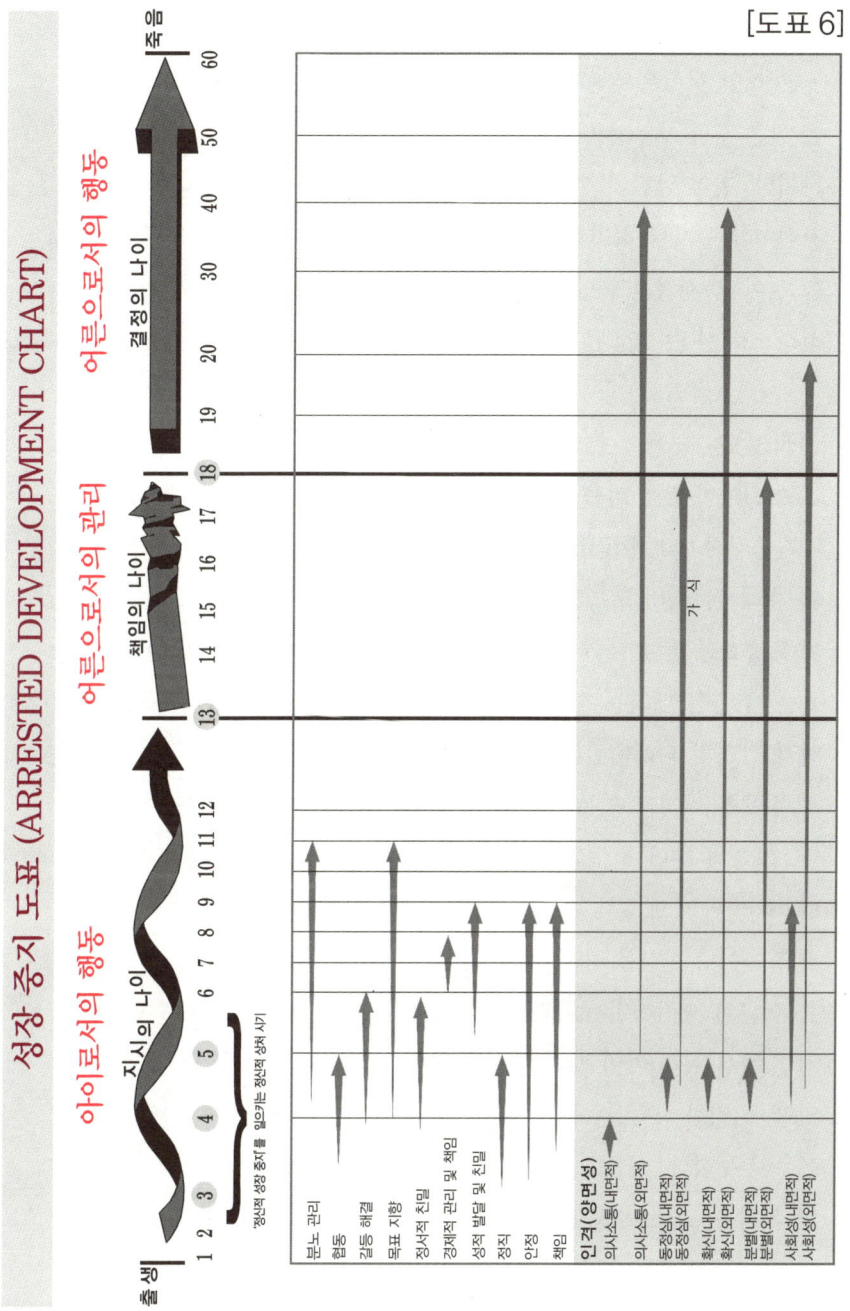

4장_ 유년기의 상처 105

나의 돈이라고 생각했다.

　이러한 사실은 결혼 전 상담에 있어 매우 중요하다. 왜냐하면 이것은 결혼 후에 부부가 다루어야 할 가장 요긴한 것들 중의 하나이기 때문이다. 만약 남편의 정신적 성장이 어린 단계에 멈추어 있다면, 그는 자신이 돈을 관리하기를 원하며 그녀는 그저 소극적으로 참여하도록 할 것이다. 재정적 담당은 서로가 마땅히 책임져야 하는 일인데도, 정신적으로 성장이 안 된 사람은 그러한 책임을 지려고 하지 않는다.

성적(性的) 성장과 친밀감

　어린아이 같은 마음을 갖고 있는 남자의 경우에 성적(性的) 성장은 자기중심적이다. 이러한 사람은 전희(foreplay), 대화, 혹은 일치 등에 대해서는 관심이 없다. 그가 배우자와 대화하는 것이라고는 고작 아주 중요한 일에 대한 것뿐이다. 그들의 관계는 매우 피상적이다. 그들은 속 깊은 대화는 하지 않으려 한다. 그들은 갈등을 풀 수 있는 이야기도 거의 피해버린다. 그들은 일치되기를 원치 않는다. 정신적으로 장애를 가지고 있는 사람들은 항상 자기 자신만의 문제를 생각한다. 그렇게 하면 할수록, 배우자의 문제에 대한 관심은 점점 적어진다. 그러면 그 배우자 되는 아내는 남자에 의해 소유되기는 하지만 전혀 도움이나 관심을 받지 못하게 된다.

　어른이 자위행위(masturbation)를 하는 것은 정신적으로 성숙하지 않아서 어린 아이 때의 행동이 그대로 전달되는 현상이라고 할 수 있다. 이러한 사람은 어른 대 어른의 관계에 있어서 성숙한 자질을 보여주지 못한다. 어른으로서의 책임 있는 성적 관계는 헌신, 감정적 책임과 의무, 그리고 상대방에 대한 지식 등을 필요로 한다. 또한 남편과 아내 사이에는 감정의 교류가 있어야 하며 배우자를 존중하는 자세의 지속적인 발전이 있어야 한다. 자위행위가 쉬운 탈출구인 것 같지만, 여기에는 위에 열거한 것들이 없다는데 큰 문제가 있다.

정직

우리가 성숙한 모습을 보여주고자 하지만 그렇지 못할 때, 우리는 위선자가 된다. 우리는 자신을 미화하고, 진실인 것처럼 꾸미고, 또 살아남기 위해 거짓말을 한다. 이러한 사람들은 늘 속으로 "왜 나는 당신과 함께 있으면서 정직하지 못하고 어린아이같이 굴어야만 할까?"라고 자문한다. "나는 이런 나를 덮어 버려야 해. 나는 이중인격적인 어른에 지나지 않아. 사실, 난 당신이 질문할 것에 대한 대답을 이미 갖고 있기 때문에 당신은 결코 당신이 원하는 답을 얻을 수 없어. 나는 당신을 이미 꿰뚫어 보고 있어. 난 당신의 인생을 마음대로 할 수 있어. 난 당신에게 앞으로 일어날 것을 말해 줄 수 있어. 왜냐하면 이 점에서는 난 당신이 생각하는 것보다 훨씬 발달해 있거든."

정직의 영역에서 볼 때, 우리가 성숙한 인격을 갖춘 사람인 것처럼 보이려고 하는 것은 흥미롭다. 하지만 사람의 행동과 삶은 말보다 더 큰 효력이 있다. 우리의 행동은 거의 모든 시간에 사람들에게 노출된다. 그래서 그의 행동들이 모두 겉치레로 드러나게 될 때 곧 사람들은 이처럼 말할 것이다. "자, 그는 어떤 일에서든지 믿거나 신뢰할 수 없는 사람이에요. 그러니 상관하지 마세요." 이런 결과는 아직 정신적으로 성숙하지 못한 사람들에게 일어나는 특징들이다.

안정성

상처로 인해 정신적인 성장이 멈추게 되면 안정성이 결여된 '이중인격자'가 되고 만다. 야고보서 1:8은 이렇게 말한다. "두 마음을 품어 모든 일에 정함이 없는 자로다." 두 마음이란, 시간적으로 볼 때는 어른이 되어야 하지만 여전히 어린 아이와 같은 마음상태에 있는 사람의 불안정성을 의미한다고 볼 수 있다. 이런 사람에게는, 안정성이라고는 전혀 찾아 볼 수 없다. 카멜레온 식의 성향을 가진 자는 이렇게 말한다. "나는 어디에 있든지 간에, 나의 성격을 그 상황에 맞출 수가 있어." 이처럼 그는 따돌림을 당할 염려를 전혀 하지 않는다. 이런 사람은 신뢰성 문제에 대해서는 관심을 갖고 있지 않으며, 신앙에 있어서나 재정적 문제에 있어서 안정성이 없고, 또한 가정사에 있어서나 직장 일에 있어서도 안정성이 없다. 그는 그저 파도에 휩쓸려 가듯이 상황에 따라 지조 없이 움직이면서 살아갈 뿐이다.

책임감

책임감은, 모범이 되는 행동을 통해 나타나게 되는, 학습되어진 성격을 가리킨다. 오늘날 이 시대가 당면한 문제는, 정신적으로 자라지 못해 어린 아이 상태에 머물러 있는 사람들이 부모가 되어 자기 자녀들을 양육하고 있다는 점이다. 정신적으로 자라지 못한 부모들은 결국 나중에는 자녀 교육에 실패하게 된다. 즉 그들은 그 자녀들이 결혼하게 되면 그 자녀들이 자신들을 돌보아 주고 자신들을 위한 어떤 결정을 내려주길 원한다. 이와 같이 역할이 뒤바뀌고 나이가 든 사람이 나이가 어린 사람처럼 행동하게 되는 정신적 성장의 결여는 자손 대대로 이어진다. 정신적 성장이 멈춘 어린 아이 같은 사람들은 책임감이 없으며, 그래서 이러한 현상은 후손들에게 계속 대물림되는 것이다. 아이들은, 만일 어떤 사람이 그들의 정신적 성장에 도움을 주지 못하면, 결코 그들의 부모나 선조의 정신적 수준 이상으로 올라갈 수 없게 된다.

대화

 이중적 인격은, 정신적으로 성장이 멈춘 사람이 있는 가정의 대화에서 흔히 발견된다. 이러한 상황에 있는 남편과 아내는 날씨, 집, 휴가, 자녀, 차, 이웃, 친척 등에 대해서는 대화를 나눌 수 있지만 내면에 있는 감정이나 욕구, 관심사와 같은 깊은 문제에 대해서는 서로 이야기 나누지 못한다. 그 이유는 그런 대화를 나누면 자신이 어떤 사람인지가 드러나게 되고, 그러면 거부반응이 일어날 수도 있고, 해결하기 어려운 고통에 빠질지도 모른다고 생각하기 때문이다. 그래서 그들은 그저 겉으로 드러나는 일들만 이야기 하며 살아가는 것이다. 그러니 갈등의 해결도 없고, 감정적 연합도 없고, 배우자다운 성장도 없다. 관계를 유지하고자 하는 사려 깊은 노력 또한 없다. 그들 사이의 대화는 늘 감정이 배제된 내용들뿐이다.

동정심

 정신적으로 성장이 멈춘 사람의 가정에서는 동정심이 잘 발견되지 않는다. 아내가 아픈 것을 보고도 남편은 그녀를 조금도 도와주려고 하지 않는다. "아침부터 왜 아프고 그래? 세탁물 안 찾아왔지? 에이고, 세탁소는 내가 다녀 올 테니까 빨리 일어나서 아침이나 차려." 아내가 고통을 당하고 있어도, 남편은 그녀에게 전혀 동정심을 비추지 않는다. 그러나 만일 그가 아프면 아내는 남편의 온갖 시중을 드느라 아무것도 못하게 된다. 아내는 온갖 엄살을 떠는 남편의 모습을 지켜봐야만 한다.

 또한 어떤 사람이 경제적인 어려움을 겪고 있으면, 남편은 최선을 다해 그를 도와주려고 한다. 하지만 세금을 내지 못해 전기나 전화가 끊길 지경에 처하고 식료품이 떨어져서 고민하는 아내에게는 살림을 어떻게 했느냐고 호통을 치면서 밖에 나가 친구들과 어울리기만 한다. 결국 남편은 집안의 생활비를 아내에게 떠맡기는 것이다. 그는 집 밖의 모든 사람들에게는 늘 동정심이 많고 성숙한 사람처럼 보이지만, 집안에 있는 아내나 자녀들에게는 전혀 동정심을 보이지 않는다.

확신

이 세상을 살아가면서 남편들은 위선의 마스크를 쓰고 있으며 그래서 아주 확신 있는 사람처럼 보이려 한다. 만일 아내가 남편으로부터 학대를 받고 감정적으로 상처를 받는다는 사실을 이야기하면, 사람들은 "아니에요, 당신이 잘못 알고 있어요. 우리도 그를 안지 벌써 수년이나 되었지만, 그는 결코 그런 사람이 아니에요. 당신이 왜 그런 말을 하는지 모르겠군요. 왜 그를 파멸시키려 하죠?" 그렇다. 그는 밖에서는 그럴지 몰라도 집 안에서는 메스꺼운 사람처럼 행동한다. 그는 결코 확신이 있는 사람이 아니다. 그는 단지 "처량한 사람"에 지나지 않는다. 그는 집안에서는 희생자처럼 행동한다. 그는 아내가 자신을 돌보아주고 도와주기를 바란다. 그는 자신의 아내가 자신의 권위에 대한 저항을 유발시키는 어머니처럼 행동하는 것을 원하지 않는다. 그는 단지 그녀가 자신을 돌보아주고 그의 생활비나 보태어주고 그의 어려움을 해결해 주는 정도의 여자만 되어 주기를 희망한다. 하지만 그는 자신에게 이래라 저래라 말하는 여자는 싫어하는 것이다.

분별력

이런 남자의 분별력은 믿을 수 없다. 이 남자는 매사에 부정적이다. 그는 상대방의 인생에서 무언가 잘못되고 있다는 것을 정확하게 짚어서 말해 줄 수는 있다. 그리고 상대방이 행하고 있는 것에 대해서는 너무도 잘 알고 있다. 그런데 그는 다른 모든 사람들에 대한 대답은 갖고 있지만, 정작 자신에 대한 대답은 전혀 갖고 있지 않다.

사교 기술

남편은 프랑스에 가서 능숙하게 식사를 주문할 수 있을 정도로 다양한 사교 기술을 가지고 있다. 그러나 자기 집에서는 속옷 차림으로 앉아서 텔레비전을 보면서 트림을 하고, 방귀나 뀌는 등, 아이들 보기에 민망한 모습을 보여준다. 그는 말쑥한 모습으로 교회에 가거나 직장 생활을 하기 때문에 사람들은 그에게 좋은 인상을 갖고 있다. 하지만 그의 가정을 보면 그의 이중성이 적나라하게 드러난다. 정신적으로 성장하지 못한 모습이 그의 삶에 그대로 표출되는 것이다.

감정적으로 '지시의 나이'(age of directives)에서 '결정의 나이'(age of decision)로 바뀌는 것은, 단지 유대인 아이들에게만 해당되는 것이 아니다. 만일 내가 인생을 어린아이의 관점에서 보고, 또한 나의 결정이 나의 우유부단함이나 환경, 또는 나를 지배하는 사람에 의해 이루어진다고 생각된다면 나는 나 자신과 삶에 대해 무기력함을 느끼게 될 것이다. 그 결과 그에 대한 반작용으로 내 주변에 있는 사람이나 환경 등 모든 것을 지배하려고 할 것이다. 이런 행동을 내가 좋아하든 그렇지 않든 간에 결국 나는 심적 상처에 이끌려서 행동하게 되는 것이다.

두려워 말라 네가 수치를 당치 아니하리라 놀라지 말라 네가 부끄러움을 보지 아니하리라
네가 네 청년 때의 수치를 잊겠고 과부 때의 치욕을 다시 기억함이 없으리니
이는 너를 지으신 자는 네 남편이시라 그 이름은 만군의 여호와시며
네 구속자는 이스라엘의 거룩한 자시라 온 세상의 하나님이라 칭함을 받으실 것이며 (사54:4)

5장 반응적 삶의 형태

이러한 파멸적 형태가 우리의 삶을 구성하고 있습니다. 이런 역기능적 양식에서 벗어나 우리는 한 걸음도 나아가지 못하고 있습니다. 불행하게도, 우리는 이 모든 부정적인 무거운 짐을 지고 살아 가고 있으며 미래의 상황은 더욱 심각해보입니다.

거 부

우리가 앞에서 보았던 것처럼, 만일 어린이가 아래에 열거되는 여러 상처들 가운데 하나를 경험한다면, 그의 정신적 성장은 감소될 것이다. 이제 이 문제에 대해서 더 상세히 살펴보도록 하자.

거부는 인간이 풀어야 할 가장 어려운 일들 가운데 하나다. 이것은 말기 암보다 더 심각하다. 적어도 말기 암에 걸린 사람은 끝이 다가왔음을 알고 그것에 대한 준비를 미리 한다. 죽으면 끝나는 것이며, 그래서 마음속으로 그것에 대비를 한다.

하지만 거부는 그 끝이 없다. 그것은 우리 마음속에서 영원히 지속된다. 종결이 없는 것이다. 우리는 거부에 대한 두려움을 어린 시절에까지 추적해 올라 갈 수 있다. 우리가 어릴 때 경험했던 것을 한번 생각해 보라. 부모, 친구, 형제와 자매들로 인한 마음의 상처들을 말이다. 거부는 생각 가운데서 발생할 수 있으며, 이 거부에는 포기, 위험한 정신, 완벽주의, 무기력, 무시 등이 포함될 수 있다. 아래에 설명되어 있는 모든 상처들은, '거부'의 카테고리 안에 포함될 수 있는 것들이다.

근친상간 및 성폭력

성적 가해는 자신의 인격, 육체, 가치, 그리고 자존감 등을 거부하도록 만든다. 이것은 그로 하여금 이 세상에서 쓸모없는 사람이라 생각하게 만드는데, 여기에는 다음과 같은 두 가지가 있다.

근친상간 = 가족 간의 성적 가해

성폭력 = 가족 이외의 사람들에 의한 성적 가해

감정적 가해

감정적 가해는 용기를 북돋거나 훈계하거나 갈등을 풀어주려고 하는 것이 아닌 어떤 몸짓이나 경고, 책망을 일컫는다. 따라서 감정적 가해는 어린이의 마음에 상처를 만드는데 이 상처는 평생 동안 지속된다. 예를 들어, "넌 바보야." "나는 네가 태어나기를 원치 않았어." "넌 너 자신이 누구라고 생각해?" "시끄러! 누가 물어봤어?" "네가 뭔 일을 제대로 할 수 있을 것 같아?" "울음 그치지 못해, 정말 울지 못하게 만들어 줄까?" 등이다.

육체적 가해

　육체적 가해는 사랑, 존경, 품위 등과는 거리가 멀다. 이 역시 감정적으로 사람의 가치를 무너뜨리는 상처이며 공포심을 유발시킨다.

　위에서 열거한 가해들이 발생할 때, 어린이들의 삶에는 다음과 같은 반응이 일어난다.

자존감의 상실

　일반적으로 사람에게 무슨 일이 일어난다고 할지라도, 인간 본연의 가치는 상실되지 않는다. 하지만 마음의 상처를 받게 되면, 아이들은 자신의 진정한 가치를 발견하지 못하거나 느끼지 못하게 된다. 이로 인해 분명하게 드러나는 결과는 자존감이 상실된다는 것이다. 그 현상은 다음과 같은 여러 모양으로 나타나게 된다.

　　(1) 자존감을 잃어버림에서 오는 불안감
　　(2) 남을 믿지 못하는 불신감
　　(3) 사실을 사실대로 받아들이지 못하는 왜곡된 마음
　　(4) 진실을 알기를 두려워함

　앞에서 살펴보았듯이, 이러한 반응이 일어나는 원인에는 다섯 가지 사항이 있다. 즉, 자기 거부와 네 가지 모습의 상처들인 근친상간, 성폭력, 감정적 가해, 육체적 가해 등이다. 이들 중 어느 하나, 혹은 몇 가지 일들로 상처를 받게 되면 아이의 정신적 발달이 방해를 받게 된다. 가족 관계에서 발생하는 거부는 소년기의 체계적인 정신적 발달에 저해를 일으킨다. 만일 그런 상태에서 어떤 감정적 가해나 육체적 가해를 더한다면, 그 아이의 정신적 발달은 완전히 파괴되어 버릴 것이다. 우리는 여기에 대한 답을 얻기 위해 수년 동안 노력해 왔다.

만일 근친상간, 성폭력, 감정적 가해, 육체적 가해가 사춘기 이전의 아이에게 발생한다면, 그 아이는 즉시로 자신의 자존감을 상실할 것이다. 아이는 태어날 때부터 이미 하나님께 부여받은 본래적인 가치를 갖고 있다. 그 가치야말로 세상과 당당히 맞설 자신감이 되며 아이에게 안정감을 준다. 그는 이같이 생각한다. "나는 나를 사랑하는 사람들에게 가치 있는 존재야." 다시 말해 아이는 부모로부터 사랑을 느낄 때 자신의 자존감과 가치가 형성되는 것이다. 이때 갖는 자존감이 곧 그에게 사회적 구성원으로서의 안심을 갖게 해준다. 그런데 이러한 안심이 누군가가 저지른 어떤 일이나 혹은 복합적인 일들에 의해 깨어진다면, 어린이는 즉시로 자존감을 잃어버리게 되며 불안감을 갖게 될 것이다. 그래서 그는 다시금 자신의 안전을 되찾기 위해 스스로 이런 생각을 한다. "세상에 어떻게 나한테 이럴 수가 있어. 도대체 나에게 왜 이러는 거야. 난 정말 억울해. 하지만 이제 아무도 나를 사랑해주지 않겠지. 엄마 아빠가 아시면 나를 어떻게 하실까? 아냐! 그래서는 안 돼. 아무도 믿을 수 없어. 이제부터 나를 지켜줄 사람은 나뿐이야." 이런 생각으로 인해 아이는 진실 자체도 의심하기 시작한다. 아이는 어느 누구의 진심도 받아들이려고 하지 않고 오직 자신만의 진실을 만들어가기 시작하고 그 자신만의 감정을 개발시켜 나간다. 이러한 자신만의 것들이 곧 그 아이의 진실이 되는 것이다. 아이는 자신의 진실(실제로 이것은 거짓이다)만 믿을만하다고 생각하며 다른 사람의 진실은 모두 의심하게 된다.

진실을 알기를 두려워함

그 다음에 발생하는 것은, 아는 것에 대한 두려움이다. 그 아이는 어떤 일이 진행되고 있는지를 알기를 원하지 않는다. 우리 주위에는 병의 징후가 있는데도 의사에게 찾아가기를 두려워하는 사람들이 있다. 이들은 진실 자체를 두려워한다. 그들은 진실을 아는 것을 두려워하는 것이다. 병이 많이 진행되고 나서야 그들은 병원에 가는데 이것은 이미 때가 늦은 것이다. 왜 이런 일이 생기는가? 그것은 그들이 아는 것을 의심하고 진실을 두려워하기 때문이다. 우리는 우리의 삶을 이처럼 부정적으로 살아간다. 우리는 진실을 듣기를 원하지 않는 것이다.

거부에 대한 두려움

거부에 대한 두려움이 있는 사람은 다른 사람들로부터 거부당하지 않으려는데 많은 에너지를 소비한다. 만일 거부당할 것 같은 두려움을 느끼게 되면, 가장 먼저 자기 자신을 거부하게 된다. 상대방이 나에게 해를 가하지 못하도록 하기 위해 일의 상태를 흐트러뜨린다. 만일 내가 나 자신을 거부하면, 나는 상대방도 받아들이지 못할 것이고, 그래서 상대방을 거부하게 될 것이다. 나는 상대방으로 하여금 나만의 세계에 들어오는 것을 허락하지 않을 것이다. 나는 사람들과 그저 인사나 하는 관계를 유지하려고 하는데, 상대방이 친한 관계를 원할 때 나는 그와의 관계를 단절시켜 버린다. 나는 그를 신뢰하거나 받아들일 능력이 없다. 나는 나 자신을 파괴시키며, 이처럼 나 자신을 파괴시키면서 동시에 상대방을 파괴시키며 상대방과의 관계 또한 제거해 버리는 것이다. 이러한 일은 결국 나를 고립시키고 만다.

고립

사람은 혼자서 살 수 없는 존재임에도 불구하고 스스로를 고립시키며 사는 사람들이 있다. 그들에게 있어서 고립은 자신을 보호하는 하나의 방편인 셈이다. 그들은 대개 이런 행동을 취한다. 만일 상대방이 자기에게로 너무 가까이 접근하면 그는 상대방이 접근하지 못하도록 막는다. 그는 상대방을 몰아내고, 즉시로 견고한 울타리를 치고, 그 뒤에 숨어버린다. 어떤 희생을 치르더라도 그는 상대방을 떼어 놓고 만다. 누군가가 자신에게 호감을 보이면 좋아하다가도, 이내 상처받을까 두려워서 그를 어떻게 해야 자신으로부터 돌아서게 할 것인가를 고민하게 된다.

결국 그는 상대방을 무시하고 뒤에서 그를 욕하며 심지어는 파멸시키려고까지 한다. 그렇다보니 그는 자신도 모르게 비판적이고 무자비하고 완고한 사람이 되고 만다. 그는 상대방이 도달하기 힘든 어떤 기준을 만들어둔다. 그래서 상대방이 그 기준에 도달하지 못하면, 그는 그 상대방을 무시하고 상대방에 대해 정죄하고 비난하는 판사 노릇을 한다.

그가 만일 심한 고통에 대한 기억을 갖고 있지 않다면 자신을 보호해야 할 때에 즉시로 상대방을 몰아내지는 못한다. 그렇기에 그는 상대방이 자신의 삶에 피해를 준 사례들을 모으고 분류한다. 그리고 그는 그러한 사실들을 마음속에 깊이 간직하면서 기억에서 지우려 하지 않는다. 그는 상대방이 말한 것을 하나도 놓치지 않고 그대로 기억해둔다. 그러다가 드디어 그의 머리 속에 안 좋은 기억이 가득 채워지면 즉시로 그 기억의 내용대로 행동한다. 그는 상대방을 내쫓고 다시는 자신의 인생에 접근하지 못하게 한다. 그는 상대방이 자신에게 가까이 오지 못하도록 이에 대한 기억을 늘 간직하고 있어야 한다. 그렇지 않으면 이런 일을 유지할 수 없을 것이다. 이렇게 살아간다는 것은 그에게도 힘든 일이다. 그는 자신을 방어할 두꺼운 벽을 쌓아올리고는 조금도 침투할 수 없도록 그 속에 자신을 완전히 가둔다. 그는 자신의 감정을 바위처럼 단단하게 만들어서 결국 감정에 대해서 무감각한 자가 되고, 그러한 무감각한 감정에 따라 행동하게 되는 것이다.

그는 이런 식으로 인생을 살아간다. 그는 자신이 선하지 않다는 사실을 알고 있다. 그는 자신이 사람들로부터 거부당할 것이라는 사실 또한 알고 있다. 그래서 그는 상대방을 먼저 거부한다. 만일 상대방이 자신에게 가까이 접근하면, 그는 언젠가는 거부당할 것이라는 두려움에 사로잡혀서 미리 상대방에게 충분한 고통을 가하여 몰아내고 파멸시키는 것이다. 그는 이것이 자기 방어 시스템이라고 생각한다. 그래서 그에게는 아무런 잘못이 없어 보인다. 그는 훌륭해 보인다. 그러나 아무리 자신을 방어하기 위한 것이라지만 그래도 그에게 아무런 잘못이 없단 말인가? 만일 내게 이런 질문을 한다면, 나는 그에게 잘못이 있다고 말할 수밖에 없을 것이다.

어린이 때의 상처

성폭력이나 육체적인 폭력을 당한 어린이는 나중에 어른이 되어서도 폭력에 쉽게 굴복한다. 나는 이렇게 말하는 여성을 상담한 적이 있다. "제 이마에 '나를 학대하시오'라는 글자가 새겨져 있지 않나요? 왜 저는 대항할만한 능력을 갖고 있지 못하죠? 왜 제게는 방어책이 없나요? 왜 저는 다른 사람들이 제게 폭력을 행사할 때 무기력해질까요?" 이러한 일들은 어린 시절에 받았던 상처 때문에 발생한다. 이런 사람들은 폭력에 쉽게 굴복해 버리는 것이다. 아이들은 폭력에 쉽게 굴복하는데, 어른이 되어서도 이러한 성향을 계속 가지고 있게 된다.

폭력에 대한 여러 반응들이 우리의 삶에 뿌리를 내리고 있듯이, 거부 반응도 우리 속에 강하게 자리를 잡고 있다. 그 결과 우리는 우리의 감정을 억누르고 과거의 기억을 잊으려고 한다. 무감각한 사람이 되고 싶어 하는 것이다. 상처의 결과는 소년기나 청소년기, 장년기와 상관없이 쉽게 오염된다. 이러한 결과는 우리의 직장, 결혼 생활, 친구 관계, 영적 삶 등 모든 영역에서 나타난다. 어린 시절에 한번 상처를 받게 되면 이와 같이 일생 동안 그 영향을 받는 것이다.

어린이는 "아무도 내게 무슨 일이 일어났는지를 모르지만, 나는 내가 이제 착하지 않음을 알고 있어. 나는 이제 다른 아이가 되었어. 나는 이제 다시는 올바로 살 수 없음을 알아. 나는 더 이상 사랑을 받을 수 없어. 하지만 나는 사랑이 필요해. 그러니 내 주위 사람들의 관심을 끌기 위해서라도 멋대로 행동할 수밖에 없어."라고 생각하고는 반항적 행동을 일삼는다.

아이는 자기 멋대로 행동하고 그러면 그 부모는 의문을 갖게 된다. "쟤가 왜 갑자기 저렇게 행동하는 걸까? 우린 쟤를 정말로 사랑하면서 키우고 있고, 저 아이는 또 거기에 잘 부응해 왔잖아. 그런데 왜 갑자기 쟤가 반항을 하고 적대감을 품은 아이가 되어 버렸지?" 부모가 아이를 사랑하면 사랑할수록, 아이는 더욱 거칠게 행동한다. 하지만 부모나 아이에게 있어 이들이 근본 문제를 파악하지 못하는 한, 이러한 일은 결코 해결되지 않는다. 아이에게는 불안정하고 집중도가 결여된 현상이 나타난다. 자기 의심은 자신으로 하여금 보다 과도한 행동이나 위축된 행동을 나타내 보이도록 한다. 자기 보호를 위해 그는 불순종과 반항의 모습을 보여주며 적대감을 일으키는 것이다. 어린이는 아주 공격적이 되고, 과장과 거짓말을 잘하며, 임기응변에 능한 아이가 되는 것이다.

예를 들어, 어머니와 나는 집에 있었고, 나는 가정에서는 유일한 어린 아이였다. 목사이셨던 아버지는 목회 사역 일 때문에 일주일 내내 바깥에 나가 계셨고 어머니는 과자를 넣어둔 박스가 늘 열려 있는 것을 발견하셨다. 어머니는 말씀하셨다. "아니 과자 박스가 비어 있잖

아. 누가 과자를 먹었을까?" 이때 내 얼굴과 옷에는 온통 과자 부스러기들이 묻어있었다. 그런데도 나는 불쑥 이렇게 말하는 것이었다. "난 아냐, 엄마." 어릴 때부터 벌써 나는 임기응변에 능한 자가 되어 있었던 것이다. 하지만 '의문', '대답', 그리고 '증거'의 순서가 연결되지 못했다. 이 세 항목은 논리적으로 연결되어야 하는데도, 어린이는 그렇게 하지 못하는 것이다.

 십대 시절에 상처를 받은 사람이라면, 그는 아주 잘 훈련된 거짓 얼굴을 하면서 살아간다. 나는 지금 나 자신을 예를 들어 이 사실에 대해 설명하고 있다. 나는 중학교 시절 늘 분노에 차 있었다. 그 당시에 나는 한 선생님의 보조원에 의해 성폭력을 당했다. 나와 함께 학교 생활을 했던 친구들의 부모들이 교회 안의 목사관으로 찾아와 어머니에게 말했다. "당신의 아들, 폴에게 무언가 문제가 있어요. 그는 여기 교회 안에서는 착한 체 행동하지만, 학교에 있을 때는 일주일 내내 정말 나쁜 일을 하고 다녀요. 그는 늘 주위 애들을 못살게 굴어요. 입에 담지 못할 말을 하고, 빈정대고, 떠들고, 멋대로 행동하고, 폭력을 행사하고 있어요. 그는 무언가 잘못된 아이예요."

 그러자 내 어머니는 이렇게 응수했다. "당신들이 잘못된 게 아니에요? 당신들은 지금 제대로 된 분들이라고 생각하세요? 어떻게 내게 와서 이런 말씀을 하실 수 있어요? 만일 폴이 정말로 그렇게 했다면, 집에서도 그런 모습을 보여줄 거예요. 그런데 내 애는 집에서는 나쁜 말을 입에 담은 적이 단 한 번도 없어요. 그 아이는 결코 폭력적이 아니고 그런 모습은 흉내도 내지 않아요. 그는 좋은 아이예요." 어머니는 사실을 전하러 온 사람들에게 이렇게 항변하고 있었던 것이었다. 나의 이중적 인격이 너무도 잘 발달되어 있어 나는 내 부모 앞에서는 어떻게 말해야 하는지를 미리 잘 연구해 두었으며 그래서 단 한 번도 실수

하지 않았던 것이다. 나는 가면을 쓰고 있었던 셈이다. 나는 나의 부모와 함께 교회 일을 잘 했으며, 그래서 그들은 내가 아주 착한 아이인 것으로만 알고 있었다. 나는 부모 말을 잘 듣는 '신앙 있는' 아이였다.

우리는 어린 시절의 상처로 인해 이중성을 갖고 살아가게 된다. 지킬과 하이드 형태의 이중성은 아주 어린 시기로까지 거슬러 올라가 시작될 수 있다. 그때는 무엇을 결정할 수 있는 시기가 아니므로 스스로 생각하며 살아갈 그 어떤 능력도 없다. 자기 의심의 틀 속에 갇혀 있기 때문에 그저 살아가는 일에만 급급한 인생이 된다. 이런 사람은 이미 십대에 거부를 철저히 경험하면서 살아간다. 그에게 가끔은 좋은 일이 발생하기도 하지만, 그는 이것을 거절하고 피해자로서의 삶을 계속 이어간다. 또한, 그는 매우 이기적인 사람이 된다. 세상은 오직 자기를 중심으로 하여 돌아가는 것으로 그는 이해한다. 십대일 때 일반적으로 사람들은 다른 사람들과 대화를 하면서 살아가며 협동하면서 어떤 일을 하는 것을 배운다. 지구상에는 자기만 있는 것이 아니라 다른 사람들도 존재한다. 그들 역시 권리를 갖고 있다. 그러나 만일 정상적인 사회 공동체가 저항을 받고 사람들이 자기중심적인 삶에 몰두하며 세상이 모두 자신들 주위를 돈다고 생각한다면, 이것은 큰 문제가 아닐 수 없다. 올바른 구조의 환경 속에서 정상적이고 건강한 십대를 보내고 있는 아이라면 협동적인 삶을 살려고 할 것이며, 이 세상에는 자기 외에 다른 사람들도 존재한다는 사실을 인식할 것이다.

십대에 성폭력을 당하고 결혼을 한 사람은, 성적 관계가 배우자와 연결될 수 있는 유일한 방법이라고 생각한다. "나는 당신에게 내가 누구인지를 알게 하는 것보다 육체적으로 접근되도록 하는 것이 더 좋다고 여긴다. 내가 당신에게 반응을 하기만 한다면, 당신은 나의 몸을 받아들일 것이다. 하지만 당신이 나의 과거를 알게 된다면, 당신은 나를 받아들일 수 없을 것이고, 나를 좋아하지 않을 것이다." 이런 사람의 경우에는, 감정적인 관계로 연결되는 것보다 육체적인 관계로 연결되는 것이 보다 쉽게 여겨질 것이다. 왜냐하면 배우자가 자신의 과거를 알게 될 가능성을 생각하면서 거부에 대한 공포심을 갖게 되기 때문이다. 이런 경우의 사람은 성적 관계를 유지하고 이것만을 추구하다가 어느 날 갑자기 수치심을 느끼게 되고 성적 관계를 멀리하게 되면서, 소외감을 갖게 되거나 반항심을 갖게 되고, 혹은 이 둘 모두를 갖게 된다.

십대는 남자든 여자든 자신이 행한 모든 것, 즉 성적 관계, 소외 등을 싫어하게 된다. 그러면서도 십대는 같은 일을 계속하여 반복한다. 십대 때는 감정에 민감하지만, 이러한 일이 반복되는 동안 그들의 감정은 무디어지게 되며 그래서 평생 동안 다른 사람과의 감정적 교류에 어려움을 겪게 된다.

십대는 식욕부진 혹은 폭식으로 고통당할 수 있다. 반항적인 십대는 다른 사람들이 거부하는 것을 목격함으로써, 그도 주위의 사람들과 상황을 거부하고 비난한다. 18~20세의 나이에 우리는 집을 떠나 부모의 감독에서 벗어나게 된다.(미국적 상황을 이해해야 한다 - 역자주) 그런데 우리는, 특히 상처를 입은 경우면, 이런 나이가 될 때까지 기다리지 않는다. 누구의 권위도 인정하지 않고 스스로의 권위를 갖기를 원한다. 그리고 우리는 부모가 우리에게 어떤 것을 하라고 말하는 것을 듣기 싫어한다. 우리는 어른이 우리에게 어떻게 행동해야 한다고 가르치는 것을 바라지 않는다. 우리는 선생님들이 우리에게 행동 규범에 대해 지시하는 것을 원하지 않는다. 다시 말하면, 상처 입은 십대의 청소년은 남자든 여자든 어른이 그들의 삶에 개입하는 것을 원하지 않는다는 것이다. 마치 아버지나 어머니와 같이 어른이 다 된 것처럼 살아가려고 하는 것이다.

이미 어릴 때 상처를 경험한 어른에게는 눈에 보이지 않는 담이 세워져 있으며, 그들은 늘 그 속에 들어가 살고 있다. 마음속에 자기 의심이 견고하게 자리 잡고 있다. 이런 어른의 경우에, 그가 신뢰하는 어떤 사람, 혹은 그에게 접근해서 진정으로 도와줄 수 있는 능력을 가진 어떤 사람, 혹은 자신에게 올바른 지식과 이해력, 그리고 참된 교훈을 줄 수 있는 어떤 사람의 특별한 지원이 있지 않으면, 그의 자존감은 계속 상실상태로 있게 된다. 그는 교활한 방법으로 반항적 행동을 나타낸다. 그는 자신을 미워하고 있다. 그리고 자신을 미워하기 때문에 남들도 미워한다. 그는 자신의 생존을 위해, 남들에 대해 매우 비판적인 사람이 된다. 즉 그는 남을 파멸시키려고 하며 자기 관점에서 모든 세상을 판단하려고 한다. 그래서 그는 매우 비판적이고 비평적이 되며, 그 결과 그의 삶에는 혼란이 발생하게 된다. 사랑에 대한 두려움, 아는 것에 대한 두려움, 진실에 대한 두려움, 그리고 살아가면서 경험한 여러 상처들로 인해, 그는 영적인 것들과 거리를 두려고 한다. 그는 교회 일에 개입되지 않으려 하며, 하나님에 의해 만들어진 것이든 사람에 의해서 만들어진 것이든 어떤 "규율"에 얽매이는 것을 싫어한다. 만일 그가 사랑이 무엇인지를 이해하게 되면, 그는 실천력 있는 사람이 된다. 하지만 그는 아직 사랑이 무엇인지 모르기 때문에 실천력 있는 사람이 되지 못한다. 그는 점차 사랑과 무관한 독선적인 사람이 되어 간다. 그리고 그는 육체적인 사랑 관계에만 관심을 기울이게 되는데, 이것만이 자신을 배우자와 연결시켜줄 수 있는 유일한 방법이라고 여기기 때문이다.

　이미 어릴 때 가정에서 상처를 받고 자란 사람들은, 결혼을 하고는 배우자와 감정적 관계를 갖기 위해 노력한다. 우리는 이것을 "사랑"이라고 부른다. 하지만, 이 사랑은 이미 병든 사랑으로서, 과거에 가정에서 결코 경험하지 못한 것을 새롭게 경험하고자 하는 것에 지나지 않는다. 그 결과 결혼 생활은 파탄에 이르고 만다. 어린 시절에 문제를 경험했던 여자는, 사랑을 위한 남편의 노력을 결국 파국으로 이끌어 간다.

나는 네브래스카(Nebraska)를 지나가다가 한 주유소에 정차한 적이 있다. 나의 밴 차량에는, "D.V.P. Learning Center"라는 문구가 새겨져 있었다. 나는 기름 값을 지불하기 위해 상점 안으로 들어갔는데(미국의 거의 모든 주유소에는 상점이 딸려 있다 - 역자주), 내 등 뒤에 줄을 서 있던 두 여인들 중 하나가 내게 이렇게 묻는 것이었다.

"당신 차량에 새겨져 있는 D.V.P가 무슨 뜻이에요?"

나는 대답했다. "가정 폭력 상담(Domestic Violence Project) 입니다."

그러자 그녀가 말했다. "나는 바로 어제 밤에 당신과 같은 사람의 도움이 필요했어요."

내가 물었다. "어떤 일이 있었습니까?"

그녀는 대답하기를, "여기에 있는 우리 둘의 남자 친구들이 우리에게 폭력을 가했어요. 그래서 곧바로 감옥에 끌려 가버렸지만요."라고 했다.

나는 다시 물었다. "당신들은 몇 번씩이나 결혼을 했습니까?"

둘 다 모두 두 번씩 결혼을 했노라고 대답했다.

나는 이렇게 말했다. "제가 질문을 하나 해도 될까요? 두 분께는 어릴 적에 두 분들로 하여금 자신은 결코 좋은 결혼 생활을 하지 못할 것이라고 믿게 하는 어떤 일이 발생했던 것 같군요. 두 분은 첫 번째 결혼을 하기 전 데이트를 하고 있을 때, 상대편 남자가 찾아와 여러분에게서 아주 좋은 점을 발견했을 거예요. 또 여러분도 그를 좋아했을 거구요. 그는 착실한 사람이었고 감정적으로도 모가 나지 않았던 사람이었을 거예요. 또 그는 좋은 직업을 갖고 있었고 장래가 촉망되는 사람이었을 거예요. 그러나 그와 데이트를 하고 그와 결혼을 했고 또 그를 알기 원했지만, 결국 그와 헤어지고 말았어요. 결국 여러분은 자신의 과거에 대한 생각 때문에 그렇게 된 거예요. 여러분은 그가 여러분의 과거를 알게 되어 그가 결국 여러분을 떠나 버리게 될 것이라고 생각했고 또 이런 생각을 지속적으로 가지고 있었던 거죠."

　　어릴 때 상처를 경험했던 사람들은 결혼 후에는 삶이 평안해질 것으로 기대한다. 하지만 이들은 자신을 사랑해 줄 배우자와의 관계에 대해서 불안감을 느끼는데, 그 이유는 과거에 겪었던 일에 대한 아픈 기억이 자신은 그러한 관계를 가질만한 자격이 없다고 생각하게 만들기 때문이다. 그러한 자신의 자존감 결여로 인해 이들은 좋은 관계를 포기하고 그 보다 덜한 상대를 찾아서 안정을 얻으려 한다. 그리고 결국 이들은 문제를 근본적으로 해결하지 않은 채 결혼 생활을 종결짓고 만다. 이들은 그 사실에 대해서 이야기하기를 원하지 않는다. 이들은 단지 문제에 대해 부정하려고만 하고 그로 인해 발생하는 상황에 대해 불평만 한다. 이들의 결혼 생활은 이런 식으로 유지되다가 결국 미완성으로 종결된다. 이들은 결혼 생활을 하면서도 소외의 삶을 산다. 그리고 이들은 늘 불안정한 심리를 가지고 살아간다. 이들은 혼자 불신의 마음을 갖고 지낸다. 만약에 이들이 결혼을 하여 여섯 명의 아이를 낳았을지라도 홀로 살아가는 것과 같은 고독감을 느낄 것이다. 이들은 결혼을 했고, 가정을 가졌고, 그리고 배우자와 함께 살아가는데, 그것이 무엇이든지 간에, 이들은 항상 홀로일 뿐이다. 이들은 늘 두려움과 염려 속에 살아간다. 그래서 적대적인 말이나 잔소리, 비난, 방어적 태도 등을 취해 다른 사람들로부터 자신을 보호하려고 하지만 늘 분노에서 벗어나지 못하게 된다. 분노는 진공에서 발생하는 것이 아니다. 분노는 그 원인을 반드시 갖고 있다. 당신은 울음 섞인 말을 하여 상대방을 화나게 자극시킬 수 있다. 예를 들어, 나는 나의 아내 쥬디를 자극시켜 그녀가 날카로운 소리를 지르고, 고함치고, 우는 반응을 가져오게 할 수 있다. 이때 나는 그녀가 나의 통제 속에 들어와 있음을 느낀다. 하지만 내가 그녀를 자극시켰는데도 그녀가 아무런 반응을 보이지 않으면, 나는 그녀가 이제 나와 관계를 끊은 것임을 알 수 있다. 이것은 내가 그녀를 더 이상 나의 통제 속에 둘 수 없다는 것을 의미한다. 자극은 상대방이 여전히 자신의 통제 속에 들어 있는지 여부를 알아보는 시험대다. 만일 나의 자극에 상대방이 반응을 하면 나는 안전하다. 상대가 나에게 반응한다는 것은 적어도 아직은 내가 상대방에게 의미가 있다는 말이 되고, 그런 상대방은 나를 떠나지 않을 것이기 때문이다.

이처럼 우리는 상대방과 주위 상황을 통제할 수 있는 삶을 살고자 한다. 우리는 어떤 힘과 통제 방법을 타인에게 사용하는 일에 대해서는 잘 알고 있다. 우리는 이렇게 함으로써 생존하려고 한다. 하지만 정작 자신에 대한 통제는 전혀 하지 못한다. 우리는 오직 자기 주변의 것들만을 통제하면서 살아가려고 한다. 우리는 우리 주위의 사람들을 통제하려고 하는데, 그 이유는 만일 우리가 어떤 것을 자신이 원하는 대로 할 수 있다면 우리 자신의 자존감이 상승하게 될 것이라고 믿기 때문이다. 만일 내가 직장의 사장, 교회의 신자, 나의 아내를 비롯한 가족들 등을 통제할 수만 있다면, 이때 나의 세계는 안전하다. 만일 내가 주위 상황과 환경, 사람들을 통제할 수만 있다면, 나는 평안을 느끼게 되는데, 왜냐하면 나는 어차피 내 자신에 대한 통제력은 갖고 있지 않기 때문이다.

이런 삶을 살면 우리는 매우 지치게 되고 평안을 얻지 못하게 된다. 이 경우 정신적인 면뿐만 아니라 신체적으로도 우리는 늘 긴장 가운데 있게 되는데 우리의 긴장한 몸은 아드레날린 호르몬이 과잉 분비된다. 아드레날린 호르몬은 위험한 상황이나 유사시 어떤 급박한 상황에 몸이 즉각적인 대응을 할 수 있도록 신체조건을 준비시키는 역할을 하므로 이 호르몬이 과잉분비 된다는 것은 몸이 긴장상태가 되도록 만든다는 의미이다. 그러므로 아드레날린의 과잉분비가 유지되는 상태, 즉 계속되는 긴장 속에 사는 사람은 신체적으로도 늘 지쳐있고, 편안해 질 수 없는 것이다.

이렇게 우리는 "나는 좋은 사람이 아니다."라고 하는 수치심 체제로 살아가며, 그래서 자신은 전혀 변화될 가능성이 없다고 스스로 믿어버린다. 우리는 우유부단, 환경, 다른 사람들에 의해 결정권이 박탈되고, 마침내 이런 삶의 형태는 이혼으로 종결되고, 또 새로운 결혼이 시작되는 반복이 계속된다. 우리가 살 수 있는 유일한 방식은, 보다 나은 미래에 대한 희망을 갖는 것임에도 불구하고 자신과 다른 사람들에 대한 우리의 태도와 언어는 거의 대부분 희망이 없는 것으로만 가득 차 있다. 우리는 자신이 결코 가치 있는 존재가 될 수 없다는 생각에 젖어 살아간다. 이럴 때 우리는 늘 불안하고 외로운 삶을 살 수밖에 없게 되고, 삶의 모든 영역에서 좌절을 맛보게 될 것이다.

새로운 삶 만들기

　이러한 파멸적 형태가 우리의 삶을 구성하고 있다. 이런 역기능적 양식에서 벗어나 우리는 한 걸음도 나아가지 못하고 있다. 불행하게도, 우리는 이 모든 부정적인 무거운 짐을 지고 살아가고 있으며 미래의 상황은 더욱 심각해 보인다. 우리는 자신이 가지고 있는 가치보다 훨씬 스스로를 비하시켜 인생을 살아가고 있으며, 그래서 변화를 간절히 바라면서도 이에 대한 희망은 포기한 채 지낸다. 시간이 흘러가면 갈수록, 우리는 더욱 자신을 무가치한 존재로 여기고 불안감과 좌절감을 느끼게 된다. 우리는 이렇게 자신의 인생을 운행해 나갈 수 있는 능력을 상실해 버리며 탈진과 절망 속에 빠지게 된다. 그리고 우리는 자신에 대해 수치심을 갖게 되고, 이러한 삶의 형태는 자신의 자녀들, 그리고 또다시 자신의 손자들에게 전수된다. 결과적으로 이것이 우리의 삶의 규범이 되어 버리는 것이다.

　우리는 지금까지 이러한 잘못된 삶의 원인은 결국 우리의 어린 시절에 경험한 상처로 인해 정신적으로 성장되지 못한 데 있다고 진단했다. 우리가 이 사실을 빨리 이해하면 할수록, 하나님이 우리에게 계획하신 올바른 사람으로 보다 빨리 변화될 수 있다. 이렇게 될 때 우리는 자신의 삶을 통제할 수 있고, 우리가 어디에서 잘못되었는지를 분별할 수 있으며, 자신감을 갖고 성숙을 향한 발걸음을 내디딜 수 있다. 드디어 우리는 정신적 성숙과 정상 상태를 향한 여행을 시작하게 되는 것이다.

분을 쉽게 내는 자는 다툼을 일으켜도
노하기를 더디 하는 자는 시비를 그치게 하느니라 (잠15:18)

6장 수치감, 죄책감, 그리고 분노

수치감을 현재의 사실로서가 아니라 과거의 사실로 인식하도록 하는 과정이 필요합니다.
우리는 수치심 체제의 사회 속에 살아가고 있습니다. 하지만 어린 시절의
마음 상처에 의해 만들어진 수치심은, 얼마든지 죄책감으로 발전될 수 있도록 만들 수 있습니다.

수치감과 죄책감, 무엇이 다른가?

우리는 지금까지 우리의 반응적 삶에 대해서 살펴보았다. 이제 우리는 이 문제와 관련하여 보다 더 이야기 할 것이 있다. 좀 더 여유를 갖고 생각해 보도록 하자. 무엇보다 먼저 우리가 해야 할 일은, 수치심과 죄책감을 구별하는 것이다.

만일 내가 이 둘 사이의 차이점을 알지 못하면, 나는 결코 개개인의 의한 한 인격으로서의 나의 가치를 발견하거나 이해할 수 없을 것이다. 수치심은 "나는 나쁘다. 나는 잘못됐다. 나는 좋지 못하다." 등의 표현을 하는 체제 속에 내가 스스로 빠져드는 것을 의미한다. 이 수치심은 완벽주의 경향으로부터 출발해서 결국 거부감, 배타심, 소외감, 그리고 절망감으로 귀착된다.

내가 수치심을 가진 마음으로 살아가면, 나의 가치는 역기능, 두려움, 걱정, 습성, 잘못, 불완전, 거부감, 감정, 무기력, 죄 등에 파묻혀 버리고 만다. 이런 상태가 되면 나는 완전한 것 외에는 그 어떠한 것에도 만족하지 못한다. 나는 나 자신뿐만 아니라 나의 아내, 내 주위 사람들에게서 늘 완벽을 꿈꾸며 비현실적 기대를 한다. 그래서 나는 무엇을 하든지 간에, 내가 결코 선해 질 수 없다고 생각하며 살게 되는 것이다.

수치심과 격노(rage)는 상호 연관되어 있다. 격노가 있는 곳에는 항상 수치심이 있다. 격노는 무기력으로부터 발생하며, 이 격노는 수치심을 숨겨준다. 격노는 수치심을 느끼는 사람을 보호해 주는 것이다. 격노는 사람을 격리시키고 고립시킨다. 분노(anger)는 격노(rage)와는 달리 다른 사람과의 관계를 연결시키고 수정하기 위해 나타내는 감정의 표현이다.

수치심은 후천적으로 갖게 된 행동 양식이다. 우리는 천성적으로 수치심을 가지고 태어나지는 않는다. 오히려 우리는 자신의 가족, 학교, 다른 사람과의 관계, 문화, 그리고 심지어 교회와 같은 여러 경로를 통해서 그것을 배우게 된다.

이에 비해, 죄책감은 사람에게 강한 가치관을 갖게 하는 아름다운 감정이 될 수 있다. 이는 "나는 실수를 했어. 나는 나쁜 일을 행했어.

나의 태도나 행동은 잘못 되었어. 혹은 나는 죄를 지었어. 하지만 나는 가치 있고 무한한 유용성이 있는 사람이야."라고 하는 생각을 갖도록 한다. 내가 나에 대한 가치를 인정하고 있을 때, 나는 나의 태도, 행동, 반응, 그리고 행동을 변화시킬 능력을 갖게 된다. 다른 말로 하자면, 나는 "나 자신을 다스릴 수 있다."는 의미인 것이다.

내가 죄책감 구조(이는 위에서 말한 수치감 구조와는 정반대다)를 갖고 있을 때, 나는 책임과 의무를 다하는 사람으로 성장해 갈 수 있다. 나의 자존감은 심층화되며, 나의 인격은 잘 형성된다. 나는 건강한 신념 체제를 확고하게 이룩해 나갈 수 있다. 나의 잘못과 실패는 그 과정에 있어 좋은 경험이 된다. 이러한 것은 결코 나의 자존감을 손상시키지 않는다. 오히려 이러한 것을 통해, 나는 태도와 행동을 변화시킬 기회를 갖게 된다.

죄책감에서는 자신에 대한 사랑이 여전히 존속한다. 죄책감은 자신의 행위에 초점을 맞춘 감정이다. 하지만, 수치감은 사람 존재 자체에 대한 것이다. 죄책감은 인생 학습에 필요한 도구가 될 수 있지만, 수치심은 인생 학습을 단절시킨다. 수치심과 책망은 항상 함께 움직이며, 이것들은 자신이나 혹은 타인에게로 향할 수 있다.

죄책감은 당신의 행위에 대한 것이지만, 수치감은 당신 자체에 대한 것이다

수치감 체제의 사람은 형벌, 무관심, 거부 등을 싫어한다. 이런 사람은 주위 상황에 대해서 지나치게 민감하게 느낀다. 수치심은 주위 사람들의 취급 방식에서 발생한다. 그는 "나는 무가치한 자로 취급되고 있어. 따라서 나는 정말 가치 없는 자임에 틀림없어."라고 생각하는 것이다. 이러한 사람을 치유하려면, 수치감을 현재의 사실로서가 아니라 과거의 사실로 인식하도록 하는 과정이 필요하다. 우리는 수치심 체제의 사회 속에 살아가고 있다. 하지만 어린 시절의 마음 상처에 의해 만들어진 수치심은, 얼마든지 죄책감으로 발전될 수 있도록 만들 수 있다. 마치 애벌레에서 나비가 되는 것과 같은 경우다. 수치심의 원인을 발견하는 것은, 그러한 변화의 시작이 된다. 자유에 이르는 여행의 출발을 위해서, 당신은 다음의 과정을 밟아 보는 것이 좋다.

- 어린 아이 때의 마음 상처를 확인하라 – 대부분의 사람들은 어린 시절에 당한 마음의 상처를 가지고 있다. 이는 겉으로 드러나 있는 작은 상처로부터 아주 크고 깊은 것에 이르기까지 모두를 포괄한다. 우리가 항상 이 모든 것들을 명료하게 기억할 수 있는 것은 아니다. 그러므로 만일 기억나지 않으면, 굳이 과거를 파헤칠 필요는 없다. 기억이란 것은, 당신이 준비되어 있거나 시행하려고 할 때에 표면에 부상하게 될 것이기 때문이다.

- 자신의 가치를 약화시키고 수치감을 일으키는 반응적 행동을 확인하라. 만일 어린 시절의 상처가 있을 경우에, 우리는 이에 대한 반응적 행동을 나타내 보일 수 있다. 우리는 의식적으로 기억을 잃어버리게 억압할 수 있지만, 상처는 늘 무의식적으로 우리의 행동을 몰아간다. 나는 행동을 확인하고 이것을 변화시킴으로써 점점 과거의 아픈 기억에서 벗어나게 되었다. 그래서 나는 치유되어 나가는 것이다. 이것이 변화 과정이다.

- 수치심에는 항상 고통이 수반된다는 사실을 인정하라. 이것은 너무도 당연한 일이다. 당신이 각 진행 과정에서 느끼는 감정을 잘 기

록해 두라. 이러한 기록의 과정을 계속하다 보면 고통은 점차 감소할 것이며, 당신은 터널의 끝에 있는 불빛을 발견하게 될 것이다.

- 만일 각 과정과 관련되어 찾아오는 고통이나 두려움이 다루기에 너무 극심하다면, 도움을 청해야 한다. 신뢰할만한 친구, 가족, 혹은 교회 목사 등이 도움을 청할만한 대상이 된다. 전문적 도움을 청할 때는 창피해야할 필요가 전혀 없다. 전문 상담가들은 비밀을 보장하며, 이 분야에서 많은 훈련과정을 거치고, 전문적 지식을 습득한 사람들이고, 이런 아픔을 가진 사람들을 위해 헌신한 이들이기 때문이다.
- 인격의 성숙, 곧 정신적 성장에 초점을 맞추라. 만일 정신에 있어 성장이 멈추어 있다면, 우리는 우리의 내면과 인격을 결코 성숙시킬 수 없다. 이 경우에 우리의 성격이란 것은 위선적 성격을 말하는 것이고, 정신적인 성장이 멈춘 상태이므로 장기간의 행동 변화를 기대하기가 힘들다. 우리가 인격의 성장에 목표를 정하면, 우리는 내면으로부터 성장하게 되고 행동 변화가 나타나게 되며, 이러한 변화는 오랫동안 지속된다.
- 과거 지향적 사람이 되기보다는 미래 지향적 사람이 되라. 문제를 계속 끌어안고 있기 보다는 해결하는 데 더 관심을 가져야 한다. 앞을 내다보라. 우리가 성숙해 감에 따라, 우리는 우리의 인생을 잘 관리할 수 있고, 상황, 환경, 그리고 다른 사람들을 긍정적으로 이끌어 나갈 수 있게 된다. 우리는 우리의 꿈, 목표, 비전을 성취할 수 있는 것이다.
- 당신의 상처와 관련된 행동들을 중지시킬 수 있는 방안을 모두 동원하라. 우리가 부정적 행동임을 확인했다면, 그 반대 면을 직시하고 변화되는 일에 힘써야 한다. 물론 한꺼번에 모든 것을 변

화시키려고 해서는 안 된다. 인간에게는 그런 능력이 없기 때문에 가능하지도 않다. 그리고 시간은 여전히 우리에게 남아 있다. 또한 대다수 사람들이 이렇게 되는 데는 수년이 걸린다. 이러한 치유 과정은, 우리의 남은 인생을 모두 차지할 수도 있다. 하지만 이러한 여정은 보다 긍정적인 방향으로 전진하게 될 것이고, 그 여정동안 우리와 우리 주변은 계속 행복해져 갈 것이다.

긍정적이고, 자존심을 가진 말들을 사용하고, 도움을 받을 수 있는 사람들을 찾고, 그리고 영적 성장에 목표를 둠으로써, 장기간에 걸친 성숙을 진행하라.

폭력을 가한 자의 경우에, 억제력(그러한 행위를 멈추는 데 있어서의 책임감과 의무감을 갖는 것)이 우선이다. 이것은 육체적 가해자뿐만 아니라 정신적 가해자 모두에게 해당된다. 폭력을 당한 자의 경우에는 안전이 우선이다.(부부 이혼 상담소, 가정폭력보호소, 법적 집행처와 같은 공적 기관을 이용함으로써 일단 폭력적 상황에서 보호되어야 한다.)

만일 당신이 정서적 폭력을 당하고 있는 여성이라면, 또 다른 출구가 하나 있다. 즉 당신은 당신의 가치를 발견하고 당신의 삶을 잘 관리할 수 있는 결심을 하는 일이다. 당신은 하나님께서 당신의 존재 가치를 느낄 수 있는 사람으로 만드셨다는 사실을 발견해야 한다. 이제 이러한 치유 과정을 시작해 보자.

분노의 형태들

우리는 우리의 수치심의 원인을 발견한 후에, 두 가지의 결과를 기대할 수 있다. 즉 고통과 분노다. 우리가 어른으로서 표출하는 분노의 대부분은 우리가 어릴 때 내었던 분노를 세련되게 표현하는 형태를 이루고 있다. 그리고 만약에 나의 아버지가 기분이 좋지 않을 때 고함을 치며 물건을 던진다면, 그것은 장차 나의 행동 양식이 될 것이다. 아버지의 행동 양식은 나에게 전수되어 나도 그러한 행동을 하게 된다. 나의 아내와 아이들은 늘 나의 모든 명령에 아주 고분고분 복종했으며, 내가 목청을 높이면 그들은 얼른 달려와 내가 원하는 것을 해결해 주었다.

내가 비록 이러한 나의 아버지의 모델을 거부하려고 결단했을지라도, 나는 나의 분노 습관을 제거하는 일에 노력을 기울여야 한다. 만일 그렇게 하지 않으면, 분노는 나의 다른 삶의 영역에서 발견된다. 예컨대, 내가 정신 나간 사람처럼 되었을 때, 나는 물건을 던지고 고함을 지르지는 않았다. 그 대신에 나는 나의 가족에 대해 나의 냉정함과 침묵을 유지하고 있었다. 이때 나의 아내와 아이들은 나를 즐겁게 하기 위해 열심히 노력했으며 내가 원하는 것을 해결해 주었고 그러면 나는 안정감을 찾을 수 있었다. 이와 같이 나는 나의 아버지와 같이 안 되려고 결단을 했음에도 불구하고, 아버지의 분노 모델을 따르고 있었다. 우리의 감정적 반응에 대한 통찰을 할 때는 가족 관계에 있어 최소한 두 세대 이전으로 거슬러 올라가보는 것이 좋다. 당신의 부모와 조부모가 분노를 어떻게 다루었는지를 이해하는 것은, 당신의 분노 반응에 대한 좋은 단서를 당신에게 제공해 줄 수 있을 것이다.

나의 가족에 있어서 분노 형태를 이해하기

1. 당신의 부모는 분노를 어떻게 다루었나요?
2. 당신의 부모는 각각 분노에 대해서 어떻게 반응했나요?
3. 당신의 조부모는 분노를 어떻게 다루었나요?
4. 당신의 조부모는 각각 분노에 대해서 어떻게 반응했나요?
5. 당신의 부모는 갈등을 어떻게 풀어 나갔나요? 그것에 대해 해결을 보았나요, 피했나요?
6. 부모가 분노를 표현할 때 당신은 두려웠나요?
7. 당신은 어린이로서 분노를 표현할 수 있도록 허락된 분위기였나요?
8. 당신은 어린이로서 분노를 어떻게 표현했나요?
9. 당신은 현재 분노를 어떻게 표현하나요?
10. 만일 가능하다면, 당신은 당신의 분노에 대한 반응을 어떻게 변화시킬 수 있을까요?

어른으로서 우리가 가지고 있는 분노 양식은 일반적으로 어릴 때의 분노 양식(즉 학습된 행동)을 업그레이드한 것에 지나지 않는다. 이러한 어릴 때의 양식이 이제 잘 고정화되고 안정화된 셈이다. 실제적으로 변화된 것이라고는 전혀 없다. 우리를 잘 알고 있는 사람들은, 그들이 분노를 자극하기만 하면 우리는 그것에 대해 즉각적으로 반응을 한다는 사실을 파악하고 있다.

그러나 이러한 양식은 후천적으로 학습된 것이기 때문에, 또한 지워지거나 새롭게 변화될 수 있다. 분노는 불쾌감의 보편적이고, 기본적이고, 일상적이며, 피할 수 없는 반응이다. 분노는 일반적으로 오해에서 발생하며, 우리 자신의 채워지지 않는 기대감에 그 기초를 두고 있다. 분노는 우리의 내면에서 발생하여 육체적인 폭력으로까지 발전하며 결국 우리의 선택에 따라 다스려지거나 다스려지지 못하게 된다.

분노는 이차적인 감정이다. 보다 근본적인 감정이 그 위에 위치하고 있다. 그것은 다름 아닌, 자신에 대한 존중이나 가치를 부정하는 감정이다. 우리의 분노 반응은 학습되고 제도화된다. 우리는 어떻게 반응하는가를 여러 사례를 통해 배우게 된다. 분노 반응은 내면에서 발생하기 때문에, 내면에서 다루어질 수 있다.

분노는 스트레스를 유발시키는 상황에 대한 일종의 감정적 반응이다. 분노는 일차적인 감정이 아니라 이차적인 반응적 표현에 지나지 않는다. 분노 모델에 나타나 있듯이[도표 7], 보다 근본적인 감정이 그 위에 위치해 있는 것이다.

우리는 분노가 생길 때, 우리는 격정적으로 반응한다. 반응의 연기나 충동의 억제도 없이, 즉시로 후천적으로 학습된 반응 행동으로 옮겨지는 경우가 있는데, 이런 반응 행동을 일반적으로 '공격성'(aggression)이라고 한다. 분노와 공격성은 다르다. 공격성이 폭력이나 상해를 유발시키기 위해 일어나는 것이라면, 분노는 우리에게 힘, 결심, 그리고 종종 만족을 주기도 한다. 분노는 중립적이기 때문에 긍정적 결과와 부정적 결과를 모두 가져올 수 있지만, 둘 중에 어떤 결과를 불러올지의 선택(의식해서든 무의식적으로든)은 우리 자신들이 하는 것이다. 그러므로 우리의 목표는 부정적 결과를 약화시키고 긍정적 결과를 증대시키는 것이다.

분노는 격렬함의 강도에 따라 다르게 나타난다. 적은 양의 분노는 건설적일 수도 있다. 그러나 고강도의 분노는 결코 긍정적인 결과를 가져오지 않는다. 거의 정신이 나가거나 이성을 잃을 정도의 분노는 우리로 하여금 올바른 생각을 하지 못하게 한다. 이때 하게 되는 말이나 행동은 나중에 후회하게 될 확률이 높다.

분노 모델(ANGER MODEL)

기대(EXPECTATION)	행동(TRIGGER)			
인생 계명	자아 상처	상황 (SITUATION)	일차 감정	이차 감정
다른 사람들은 나에게 늘 친절해야 하고, 관심을 기울이고, 잘 대해주어야 한다. 그들은 나를 잘 이해해야만 한다.	당신은 나를 좋아하지 않는다.		상처, 화	분노
다른 사람들은 나에 대해 늘 즉각적이어야 하고, 정직하고, 올바르게 해 주어야 한다. 그들은 나를 존중해 주어야만 한다.	당신은 내게 잘 대해주지 않는다.		실망, 낙담	분노
나는 늘 이해하고, 책임을 지고, 확고해야 하며, 행동할 수 있어야 한다.	나는 이것은 이해하지 못한다.		혼란, 좌절	분노
나는 늘 유능하고, 효과적이고, 옳으며, 단호하고, 동정적이며, 논리정연하며, 완전해야 한다.	나는 좋은 일을 하지 않는다.		부적절, 불안정	분노
나는 늘 활동적이고, 열정적이며, 적극적이어야 한다.	나의 태도는 나쁘다.		우울(절망)	분노
나는 늘 절제해야 하고, 자신감이 있어야 하며, 신념을 가지고, 성취해야 한다.	조건이 내게 너무 많다.		무기력	분노
나는 늘 용기가 있고, 확신이 있으며, 용감하고, 강한 사람이 되어야 한다.	나는 이것을 다룰 수 없다.		공포, 염려	분노
나는 결코 실수해서는 안 되고, 뒤로 물러나서도 안 되며, 약해서는 안 되며, 다른 사람을 괴롭혀서도 안 된다.	만일 내가 완전하지 못하다면, 나는 선한 사람이 아니다.		수치	분노
다른 사람들은 다, 나의 결정, 견해, 기회 등을 존중해 주어야 한다. 만일 그들이 그렇게 하지 않으면, 그들은 나를 좋아하지 않는 것이다.	나는 사람들이 좋아할 수 있는 사람이 아니다.		소외, 고독	분노
나는 내가 인생에서 배워온 재능을 활용해야만 한다.	나는 큰 잘못을 범했다.		죄책, 슬픔	분노

[도표 7]

공격성은 당신을 어려운 지경에 빠뜨릴 수 있다. 우리는 이런 저런 방식으로 이익을 얻을 수 있겠다고 판단할 때 자신을 침해하는 사람에게 대응을 하고자 한다. 비록 그 사람이 자신에게 가장 가깝고 사랑스런 대상이라고 할지라도 그러하다. 가끔 우리는 자신이나 다른 사람에게 있게 될 어떤 결과에 대해서 생각해 보기 전에 분노가 폭발하기도 한다.

분노가 자동적으로 공격성이 되는 것은 아니다. 공격하고자 마음먹는 것과 실제로 그렇게 하는 것은, 각각 다른 것이다. 때때로 우리는 공격이 우리가 다른 사람에게 행해야 할 유일한 방법이라고 생각하고 그렇게 행동한다. 하지만 이것은 남용이며 우리의 분노를 다루는 잘못된 방식이다. 우리의 분노 반응은 정형화되고 체계화된 것이다. 우리는 어릴 때에 어떻게 반응할 것인지를 이미 배운다.

당신이 행해야 할 가장 중요한 일 중의 하나는, 내적 및 외적인 양면에 있어서 긴장에 대한 징조를 파악해서 분노를 다스릴 수 있도록 하는 것이다. 당신이 당신의 목표점을 정확하게 포착할 때, 당신은 문제를 해결할 수 있는 방법을 알게 되며, 분노를 다스릴 수 있는 당신의 능력은 증가할 것이다. 분노는 내적으로 발생하는 것이기 때문에, 오직 내적으로만 다루어질 수 있다.

분노의 주된 요인을 고찰하는 것은, 그 해결에 있어서 가장 먼저 있어야 하는 단계. 우리가 분노와 그로 인한 상처를 인식할 때, 우리는 감정을 조절할 수 있는 능력을 갖게 되고 그래서 갈등을 해결할 수 있게 된다. 다음 사항들을 구체적으로 살펴보도록 하자.

공격성

타인에 대한 공격성은 에너지를 발산하기만 할 뿐, 결코 갈등을 해결해 주지는 못한다. 공격성은 아드레날린 분비량을 급증하게 만들지만 문제를 해결하지는 못한다. 또한 이러한 접근은 관계의 파멸, 정서적 장애, 이탈, 배타와 같은 결과를 가져온다.

거부/도피

상황을 거부하고 그 상황으로부터 도피하는 일은 우리에게 무기력과 연약만을 남겨 줄 뿐이다. 이때 우리는 또 한 번의 좌절을 경험하게 된다. 우리는 자신의 삶에 대한 통제를 포기하고 자신을 다른 사람의 손에 맡겨 버린다. 이로 인해 우리는 또 다시 두려움과 염려에 싸이게 된다.

원한 갖기

어떤 사람에 대해 원한을 갖는 것은 엄청난 스트레스를 준다. 혈압이 오르며 심장 박동수가 증가하며 근육은 긴장하게 된다. 마음과 육체 전체가 팽팽하게 된다. 그러면 우리는 더욱 분노하게 되며, 그러다가 그 분노는 폭발할 지경에까지 이르게 된다.

몰입

만일 우리가 늘 희생당하고 있다고 생각하면, 우리의 분노는 끝나지 않고 지속된다. 우리는 아픔을 되씹고, 고통 가운데로 파고들며, 과거 속에 몰입한다. 이처럼 우리가 우리 자신을 화나게 했던 과거의 일을 반복해서 기억할 때 분노는 식지 않는 것이다. 이런 일이 해결되지 않은 채로 남아 있을 때, 우리의 마음속에는 분노가 계속 타오르게 되는 것이다. 해결되지 않고 남아 있는 사건에 대한 기억은, 우리의 분노를 다시 생생하게 그때의 과거로 되돌려 놓으며, 반복되는 하나의 실체로 자리를 잡게 된다.

해 결

제1단계 : 시간을 벌어라

충동을 통제하는 것은 선천적인 속성이 아니라, 후천적으로 학습되는 행동이다. 이는 우리의 반응을 지연시킴으로써 시작된다. 당신이 감정이 격앙되어 분노로 연결되는 것을 느끼는 순간, 시간을 벌고 당신이 지금 느끼고 있는 감정(상처, 거부, 무능, 수치, 죄책감 등)을 체크해야 한다. '시간 벌기 약속' [도표 7] 사용하는 것을 참조 해 보라.

제2단계 : 당신의 감정을 인식하라

당신이 어떻게 해서 감정이 격앙되어 있는지, 이러한 격앙이 어디로 이끌어져 가고 있는지를 평가하라. 만일 당신이 그 격앙을 통제할 수 없다면 어떤 파괴적인 결과가 나타날까?

제3단계 : 분노의 진짜 원인을 확인하라

무엇이 감정을 격앙시키고 있는가? 현재 어떤 상황이 당신에게서 그러한 감정이 일어나도록 하는가?

제4단계 : 분노를 평가하라

당신의 분노는 정당한가? 즉 당신은 지금 겪고 있는 상황이 잘못되었기에 분노하고 있는가? 아니면, 어렸을 때 경험했던 마음의 상처와 그로 인한 예민함, 두려움, 염려, 배타감 등의 영향으로 필요 이상의 감정을 갖고 있는 것은 아닌가? 상황으로부터 눈을 돌려 문제의 핵심을 분명히 살펴보도록 하라

[도표 8]

시간 벌기 약속

1. 내가 지금 화가 난다는 사실을 알려주는 신호들
   _____   _____
   _____   _____
   _____   _____

2. 내가 피해야만 하는 행위들
   _____   _____
   _____   _____

3. 내가 사용할 수 있는, 올바르고도 분명한 시간 벌기 표시
   _____

4. 내가 위의 3항목을 갖게 될 때, 행하고자 하는 일들
   _____

5. 내 배우자가 시간 벌기 표시를 제시할 때, 나는 이 약속을 지킬 것이다.

6. 시간 벌기 기간은 _____까지 (최소한 60분 이상) 지속될 것이다.

7. 시간 벌기 기간이 끝나면, 우리가 행할 일들
   _____

8. 시간 벌기 기간 동안, 나는 다음과 같은 사항들을 지킬 것이다.
   (카페인을 포함한 어떠한 마약이나 술은 금지)
   _____
   _____

   사인 _____

   증인 _____   날짜 _____

제5단계 : 상황을 잘 판단하라

당신은 상황을 완전히 파악하고 당신의 응답, 반응, 그리고 말 등을 잘 통제할 수 있을 때 행동을 취하도록 하라.

제6단계 : 갈등을 해결하라

갈등의 실제에 대해서 명확히 생각하고 이해를 한 다음에, 갈등을 해결할 수 있는 여러 방법들을 찾아보라. 당신은 문제에 대해 조용히 접근하여, 일정한 제한과 한계를 설정하라. 그리고 편견 없는 현명한 견해를 가지고 당신의 감정을 표현하고, 해결을 위한 협상과 타협을 시도하라. 즉, 시간을 갖고, 문제를 남겨둔 채 넘어가라. 그런 후에야 당신은 평온한 상태에서 그 갈등을 풀어나갈 수 있게 될 것이다. 그리고 당신이 다른 사람들, 또는 주위 상황이나 환경을 지배하려고 하지 마라.

제7단계 : 용서하라

용서는 당신을 가해한 사람들에게 정신적으로 사로잡혀 있는 것으로부터 당신을 해방시켜 준다. 용서는 가해자의 행동을 간과하는 것을 의미하지는 않는다. 여러 경우에 가해자의 반응은 거짓되고 이중적이다. 그 가해자는 자신이 행하는 일에 대해 상대방이 어떻게 생각하느냐 하는 것에는 관심조차 없다. 그러나 이러한 상황일지라도 용서는 피해자를 위해 꼭 필요한 것이다. 용서는 가해자와의 연결 그 자체를 끊는 일이기 때문이다. 다시 말해서 용서란 가해자와의 관계를 다시 세우는 것 없이도 가해자와의 연결고리로부터 해방될 수 있음을 의미하는 말이다. 용서는 고통을 감소시키는 과정에서부터 출발한다. 용서를 선택하게 되면, 사건에 대한 기억으로부터 발생하는 심적 고통이 사라지게 된다. 여기에서 잠시 짚고 넘어갈 것은, 당신이 용서를 선택했다고 해서 그 사건이 없는 것이 되거나 그 사건을 잊어버리게 되는 것이 아니다. 하지만, 그럼에도 불구하고 용서는 당신에게 큰 자유와 행복을 가져다 줄 것이다.

용서의 과정
- 사건 혹은 마음의 상처를 확인하라
- 사건과 관련된 사람을 확인하라
- 용서를 선택하라
- 사건과 관련된 당신의 반응적 행동을 확인하라
- 당신이 정말로 신뢰하는 사람과 고통을 함께 해 보라
- 인격을 성숙시켜 줄 수 있는 일에 집중하라
- 긍정적인 자세, 확신, 자존감 등으로 성장을 지속시켜라.

이러한 과정을 시행하다 보면, 결국 분노의 끝을 보게 될 것이다. 이러한 종결은 곧 당신이 치료되었다는 것을 의미한다.

당신의 부모와 조부모가 분노를 어떻게 다루었는지를 이해하는 것은, **당신**의 분노 반응에 대한 좋은 단서를 당신에게 제공해 줄 수 있을 것이다.

이와 같이 남편들도 자기 아내 사랑하기를 제몸 같이 할찌니
자기 아내를 사랑하는 자는 자기를 사랑하는 것이라 (엡5:28)

7장 건강한 관계 세우기

당신의 자녀를 위해 할 수 있는 최상의 일은, 바로 당신의 배우자를 사랑하는 것입니다.
그리고 당신이 부부로서 당신의 자녀들에게 해 줄 수 있는 최상의 일은, 관계를 이루어가고,
갈등을 해소하고, 분노를 잘 다루며, 안정적으로 행동하고, 책임과 의무를 다하는 것입니다.

건강한 관계를 세우는 일은 가능하다. 그 핵심은 건강한 신뢰를 이루는 데 있어서의 지식, 헌신, 그리고 의지 등이다.

무엇보다 먼저, 우리는 정상적이고, 건강한 관계가 무엇인지를 이해하는 것이 필요하다. 만일 우리가 역기능적 가정에서 자라고 있다면, 혹은 상처에 의해 정신적으로 성장하는 것이 억제되어 있다면, 우리는 아마 본받을만한 대상을 쉽게 찾지 못하게 될 것이다.

우리는 힘과 지배에 기초하여 세워진 관계가 결과적으로 자기 파멸을 가져올 수 있다는 사실을 이미 살펴보았다.

건강한 관계는 존중과 자유에 기초하여 세워지며, 이것을 이루는 데는 수년의 시간이 걸린다. 건강한 관계를 구성하는 몇몇 요소들은 (1)우리로 하여금 우리의 정체성을 증대시키며, (2)감정적 결합 과정을 시작하도록 하며, 그리고 (3)우리가 선택하는 사람 혹은 일반적인 사람과의 관계를 세운다.

우리는 제2장에서 '다양한 폭력들' [도표 1]을 살펴 본 적이 있는데, '건강한 관계' [도표 9]는 그 반대라고 할 수 있다. 건강한 관계를 구성하는 요소들은 다음과 같다.

적절한 접촉

적절한 접촉은 성적인 의도가 없는 포옹과 같은 것으로, 이것은 부부 관계에서 필요한 좋은 접촉 표현이라고 할 수 있다. 부부는 자주 이런 접촉을 하고 그 접촉의 양을 늘리는 것이 필요하다. 이 사실은 매우 중요하다. 예를 들어, 아내가 하루의 일을 끝내고 집에 방금 돌아와 가족을 위해 식사를 준비할 때 그녀의 남편이 다가와 그녀에게 성적인 접촉을 시도하는 것은 쉬운 일이 아니다. 그녀는 지금 부엌 일로 바쁜 것이다.

아리조나(Arizona)의 투싼(Tucson) 시에 살고 있는 기독교 심리학자, 케빈 레만(Kevin Leman)은 '성의 전쟁'(Battle of the Sexes)이라는 비디오에서 이런 논평을 한 적이 있다. 아내가 남편에게 1.7초 이내에 접근하면 남성은 그것을 성적인 것으로 해석하기 때문에 아내는 일반적으로 남편에게 접근하지 않고 자발적으로 남편을 껴안지 못한다는 것이다. 여성은 때때로 비 성적인 확인과 포옹을 원

건강한 관계 (HEALTHY RELATIONSHIP WHEEL)

적절한 접촉	비성적인 허그를 통해 가치를 느끼게 함, 접촉의 필요성을 표현할 수 있는 능력 – 빈도수와 범위
적절한 결합	정서적 지원, 개인성을 허락하면서도 '우리'라고 하는 새로운 정체성을 만들어 내는, 두 사람 인식의 통합, 존중과 가치를 발전시킴
경제적 결속	중요한 지출에 대한 상호 동의, 크든 작든 재정적 문제에 대한 의사소통
재산 존중	관계, 아내 및 남편의 재산, 공동 재산, 자녀들 각자의 고유 재산에 대한 존중
적절한 사회적 행동	용납될 수 있는 공적 애정 표현, 상호 결속되기 전에 먼저 체크해야 하는 일, 계획적으로 하는 일과 자연스럽게 하는 일
적절한 개인성	개인적 공간, 개인적 관심, 활동, 결정, 친구, 성장 활동에 대한 권리, 상대방의 거부감을 줄일 수 있는 권리
합당한 요구들	거부에 대한 두려움 없이 자신의 필요와 요구를 확인시키고 전달함
정서적으로 건강한 아이 양육	엄마는 아빠를 사랑하고 아빠는 엄마를 사랑할 때 아이들은 안전감을 느낌, 가족의 의사소통, 가족 오락, 개인성의 강조, 감정의 허락
적절한 의사소통	모든 가족 구성원은 표현의 권리를 가짐, 자신이 말할 수 있고 자신의 말이 전달되고 있음을 알 수 있는 능력, 말의 표현과 듣는 데 있어 목소리와 몸언어의 중요성을 이해하는 일
올바른 책임	업무 공유, 상호 즐거운 활동의 개발, 도움이 필요한 자에게 도움을 줌, 특별한 시간의 공유
건강한 성적 관계	필요, 우선권, 욕구 등에 대해 서로 의견을 공유함, 이전의 상처로 인해 발생한 심리적 억압을 이해함, 각자 거부의 두려움 없이 수용하거나 거부할 권리를 가짐
영적 발달	하나님과의 개인적 관계, 가족 활동과 표현, 개인적 예배, 자녀를 위한 영적 훈련

[도표 9]

한다. 만일 평소에 아내가 남편으로부터 성과 상관없는 접촉인 포옹을 통해 가치를 인정받을 수 있다고 확신하게 된다면, 즉 아내가 섹스 이외의 순수한 신체적 정신적 접촉을 통하여 사랑을 받을 가치가 있다는 사실을 확신하게 된다면, 그녀는 보다 성적인 방식으로 그에게 반응하기 시작한다. 무엇보다 이러한 확신이 중요하다. 접촉과 포옹, 그리고 비 성적인 접근은 부부 관계에 있어서 매우 중요하다.

좋은 결합

좋은 결합은 정서적 지원에서 시작된다. 예를 들어, 감정적 지원에 있어서의 남성과 여성의 차이를 살펴보자.

아내는 직장에서 집으로 돌아와 저녁을 준비하기 위해 잠시 앉아서는 남편에게 이렇게 말한다. "제가 하나 말하겠는데요, 오늘은 정말 내 생애에서 최악의 날이에요. 오늘 아침에 회사에서 정말 기분 나쁜 일이 있었어요. 사장이 원하는 방식대로 보고서를 작성해서 사장의 책상 위에 올려놓았는데, 그가 내게 고래고래 고함을 지르는 거 있죠. 너무 늦게 올렸다는 거였어요. 오늘과 같은 날은 정말 다시는 없었으면 좋겠어요."

그러면 남편은 이렇게 말한다. "뭘 그 정도 일을 가지고 그래. 나는 매일 어떤지 당신이 알아? 맙소사. 그건 일도 아니야. 난 당신이 그까짓 일로 기분 나빠하는 것을 이해할 수 없어. 잘은 모르지만 당신 사장에게 어떤 좋지 않은 일이 있었을 거야. 그가 회사로 출근하기 전에 그의 아내가 그의 기분을 상하게 했을지도 모르고, 길에서 사고를 당했을 수도 있고, 혹은 차가 기름이 떨어져 갑자기 정차해버렸을 수도 있지. 그 정도의 일은 종종 발생하는 일이라구."

위의 상황에서, 아내에게 필요했던 것은 정서적 도움이다. 하지만 그녀의 남편은 마치 그녀의 적을 도와주는 것 같다. 그 적은 다름 아닌, 그녀를 직장에서 정서적으로 가해하고 그녀에게 고함을 질러대는 그런 사장 말이다. 사실 이런 상황에서 남편은 아내의 마음에 상처를 주고 그녀를 기분 나쁘게 한 사장에 대해 유감을 표현했어야 했다.

그런데 남편이 자신에게 마음의 상처를 주고 정서적 고통을 가한 그 사장을 두둔했으니 아내는 의아해 하면서 "그럼 난 바보란 말인가, 내 판단이 잘못되었단 말인가?" 하고 자신에 대해 의심하게 된다. 그녀는 집에 돌아와서 그녀가 직장에서 겪었던 것들을 남편과 자유롭게 공유할 필요가 있다.

그녀가 직장에서 당했던 그 기분 나쁜 일에 대해, 그가 이렇게 말했다면 더 좋았을 것이다. "어휴, 그런 일을 당하고도 당신 참 잘 참았네. 만약 내가 그런 일을 당했으면 정말 참기 힘들었을 텐데.. 당신 마음이 어떨지 알겠어." 이렇게 대해줌으로, 남편은 아내를 도울 수 있으며, 아내 역시 자신이 잘못된 사람이라고 생각하지 않게 된다.

정서적으로 돕는 것은, 부부 관계를 결속시키는 데 있어서 필수적인 요소다. 결합은 정서적으로 돕고, 돌봐주고, 귀를 기울여 주고, 감정을 서로 공유하는 것이다.

둘이면서도 하나라는 인식

결혼한 부부는 두 가지 인식이 혼합된 관계라는 사실을 우리는 이해해야 한다. 뇌는 거의 무한한 양의 기억을 저장한다. 이러한 뇌로부터 우리의 고통, 기쁨, 인식, 견해, 그리고 개성이 나온다.

결혼 관계는 각각의 인격과 견해를 인정하면서도, 두 인식이 하나로 합쳐진 것인데, 부부가 되고 '우리'라는 말을 사용하게 되면서 새로운 하나의 실재를 형성하게 된다. 이것은 남편이 아내를 자신의 필요와 요구에 따르도록 만들려고, 그녀로 하여금 그를 좋아하도록 혹은 그녀가 자신과 동일하게 행동하도록 만들어가는 것이 아니다. 즉 똑같은 두 사람이 아니라 전혀 다른 두 개의 인식을 서로 공유하는 관계인 것이다. 이것은 그들이 부부로서 인생을 살아갈 때 보다 넓은 세계로 나아가도록 해 준다.

나는 나의 아내 쥬디가 자신의 견해를 가지며 자신의 정체성, 개성, 그리고 자율성을 갖기를 원한다. 그러면서 나는 그녀가 자신이 되고자 하는 그런 사람이 되기를 바란다.

그녀는 자기 고유의 관점을 갖고 있고 나는 나 고유의 관점을 갖고 있다. 그래서 우리가 어떤 문제나 난제를 만날 때, 우리는 전체적인 각도에서 이들을 볼 수 있다. 그녀는 내가 보지 못하는 각도로 본다. 나는 그녀가 보지 못하는 각도로 본다. 이런 사실이 관계를 세워 나갈 수 있도록 하는 것이다.

우리는 여전히 개인의 인격성을 갖고 있으며, 자신의 고유한 방식대로 살아가고 있다. 그녀 역시 그녀의 방식대로 살아가고 있다. 하지만 우리는 '우리'라고 불리는 보다 넓은 실체를 만들어 가고 있다. 그 '우리'는 함께 세상에 나가 세상을 직면하면서, 또 삶을 공유하면서 살아가는 것이다.

경제적 협력

부부는 경제적 문제가 작든지 크든지 이에 대해서 서로 의사를 교환해야 하고 특히 큰 소비를 필요로 하는 문제는 상호 동의가 필요하다. 다르게 말하자면, 두 부부는 어떠한 때에라도 그들이 경제적으로 든든한지를 살펴보아야 하는데, 이는 그들이 인생을 살아가는 데 있어서 안정성과 안전을 위해 반드시 필요한 일이다.

이 문제와 관련해서 서로 의논해야 할 영역들은 이런 것들이 있다. 즉 지출의 균등한 배분, 개인적으로 '마음껏 사용할 수 있는' 금액의 필요성, 빚을 얻는 것에 대한 반대권, 주요한 물품의 구입에 대한 상호 동의 등이다.

소유물에 대한 존중

부부는 상호 관계, 남편의 소유물, 아내의 소유물, 공유하는 소유물, 아이들 각자의 소유물에 대한 존중이 있어야 한다. 다른 말로 하자면, 남자가 모든 것을 소유해서는 안 된다는 것이다. 그녀는 그녀 자신의 소유라고 주장할 수 있는 것들이 있다. 도자기 그릇이나 개인적 물품들, 크리스마스 때마다 즐겨 듣는 음반, 그리고 그녀의 명의로 되어 있는 자동차 등이다. 모두 그녀에게는 아주 소중한 것들이다.

남자 역시 자신의 소유라고 주장하고픈 물품들이 있다. 각종 공구와 기계장치들, 그리고 크리스마스 때마다 역시 그가 즐겨 듣는 음반 등이다. 하지만 여전히 대부분의 물품들은 공동 소유다.

아내는 그림을 벽에 걸기 위해 남편의 공구 박스를 창고에서 꺼내려면 남편에게 먼저 이야기를 하고 해야 한다. 마찬가지로, 남편 역시 그녀가 좋아하는 음반을 사용하려면 아내에게 허락을 받아야 한다. 우리는 각자의 소유에 대한 존중이 있어야 한다.

아이들도 자신이 가지고 있는 물건들은 자신의 것이라고 생각한다. 그러나 만일 아버지가 '너희들의 것이 곧 나의 것이야.'라고 생각하고는 그들에게 그것을 어떻게 사용하며 그것을 어떻게 취급하며 언제 가지고 놀며 언제 그것을 버려야 하는지를 따지는 경우가 있다. 하지만 균형 잡힌 가정에서는, 소유물에 대한 존중이 아이들과 부부 각각에게 허락되어 있으며 자신의 소유라고 주장하는 것들에 대해 각자가 관리하도록 되어 있다. 자신의 소유물을 어떻게 관리할 것인가에 대한 문제는 특히 아이들에게 적용되어야 한다. 이 역시 행복한 가정을 이루는데 꼭 필요한 요소이다.

적절한 사회적 행동

적절한 사회적 행동에는, 아내가 공개적으로 자신의 매력을 나타낼 수 있는 일까지 포함한다. 하지만 아내가 어릴 때 성폭행을 당한 경우에는 그녀는 자신의 매력을 공개적으로 드러내는 데 민감할 수 있다. 또한 공개적으로 남편과 신체적 접촉을 하는 것을 부적절한 행위로 생각하고는 몸을 움츠릴 수도 있다. 이런 문제가 발생하면, 부부는 서로 의논하면서 풀어나가야 한다.

적절한 개성

정체성, 자율성, 그리고 친밀성은 균형 잡힌 관계에서는 항상 공통적으로 존재한다. 남녀는 자율적 선택을 존중해 주는 부부가 되어야 한다. 이는 부부 중 한쪽이 자신의 필요를 충족시키기 위해 상대방에게 강요하지 않는 것을 의미한다. 부부 관계에 있어서 각자의 유익을 위한 공간과 자유를 필요로 한다. 우리는 가족으로서 활동과 친밀함을 필요로 하지만, 각자는 또한 개인적인 활동, 친구들을 필요로 한다. 하나의 개인으로서 사람은, 각자가 원치 않는 일은 하기 싫어할 수 있고 거절하는 것에 대한 두려움이 있어서도 안 된다. 이것은 건강한 관계를 유지하는데 꼭 중요한 요소다.

정중한 요구

거부당할 것을 두려워하지 않고 자신의 필요와 희망 사항을 솔직하게 말로 표현하는 것을 가리켜, '정중한 요구'라고 정의할 수 있다. 즉 우리는 그러한 필요를 상대방에게 확인시키고, 말로 표현할 수 있을 만큼 충분히 성숙해 있어야 한다.

많은 부부들이 상대방이 자신의 마음을 읽고는 그 예상된 필요를 충족시켜 주기를 희망한다. 하지만 자신이 무엇을 필요로 하는지를 알지 못하고 그것을 표현하지 못하는데, 배우자가 자신이 아는 범위 내에서 그 필요를 충족시켜주려고 노력하는 경우가 있다.

하지만 그러한 노력을 배우자가 필요로 하는지가 확인되지 않은 상태이기 때문에, 도움을 받는 당사자는 배우자의 그러한 노력에 대해 별로 고마움을 느끼지 못 할 뿐만 아니라, 실제로 그에게 별다른 도움이 안 될 가능성이 높다. 나의 필요는 충족되어져야 하지만, 내가 나의 필요를 알지 못하면 나의 배우자의 노력은 헛수고가 되고 만다. 그러면서도 나는 여전히 필요를 느끼는 갈증상태에 머무르게 되는 것이다. 이런 종류의 문제들도 있음을 미리 알아두는 것이 해결에 도움이 된다.

우리가 무엇을 필요로 하는지가 실제적으로 확인되어야, 우리는 이에 대해 분명히 말할 수 있다. 그와 더불어 중요한 것은 비록 내가 말한 필요에 대해 상대방이 제대로 응해주지 않는다고 할지라도 거부되는 것에 두려움을 느껴서는 안된다는 것이다. 건강한 관계란 서로에게 다른 개성과 관점이 있음을 인정하고 허용하는 것임을 우리는 잊지 말아야 한다.

정서적으로 건강한 자녀로 양육하는 일

어머니는 아버지를 사랑하고 아버지는 어머니를 사랑하는 가정에서는, 아이들이 정서적으로 안정감을 갖게 된다. 하지만 오늘날 많은 가정에서는, 부모의 별거나 이혼으로 인해 가족들이 흩어져 있다.

아버지는 아이들에게 이렇게 말할 수 있다. "애야, 난 너를 사랑해. 그리고 난 항상 그렇게 할 거야. 나는 늘 너의 아버지다." 어머니 역시 아이들에게 이와 유사한 말을 할 것이다. 그러나 아이들은 이런 말에 반응을 하지 않는다. 이러한 표현들은 아이들에게, 어머니에 대한 아버지의 사랑, 그리고 아버지에 대한 어머니의 사랑이 확인되지 않으면 결코 가슴으로 와 닿지 않기 때문이다.

어머니와 아버지가 서로 사랑하며 갈등을 해결하면서 서로를 도와주며, 대화하고, 돌보아 주고, 서로 연합되어 있는 모습을 아이들이 인식할 때만, 그들은 정서적으로 안정을 느끼게 되며 자신의 가정은 살아갈만한 장소라고 여기게 되는 것이다.

예를 들어, 가족들은 함께 오락 시간을 가져야 하는데, 이때 아이들은 자신의 가정이 하나로 연결되어 있다는 사실을 느낀다. 여기서 아이는 공동 노력, 경쟁 속의 대화, 협상, 친밀, 공유, 친교, 목표 설정, 흥미, 보상 등을 배우게 된다. 이것이 정서적 안정성을 이루어 주는 것이다. 이때 아이들의 개성이 개발되고 그의 감정이 고양되며, 더욱이 그들의 감정은 어른들로부터 존중되어지는 것이다.

만일 부모가 아이들의 감정을 존중하지 않는다면, "나는 정말 가치 없는 사람이야. 누구도 내 말에 귀를 기울이지 않아."하고 생각하기에 이른다. 아이들은 자신의 감정을 억제하고, 늘 눈치를 보면서, 누군가 자신의 고통을 눈치 채고 도와주기를 바라는, 그런 어른으로 자라게 된다. 우리는 아이들이 자신의 감정을 다루는 능력을 계발하도록 도와야 하며 아이들이 안정된 가정에서 성숙하게 자랄 수 있도록 해 주어야 한다.

적절한 대화

모든 가정 구성원들은 표현의 권리를 갖고 있어야 하는데, 이것은 곧 자신의 의견을 말하고 남들이 말하는 것을 듣고 이해하는 능력을 의미한다. 표현에 있어서 목소리의 강도와 몸 언어의 중요성을 이해하는 것은 듣는 기술에 해당한다.

아이들은 듣고, 말하고, 대화하는 데 있어서 각각 다르다. 어떤 아이들은 다소 오디오적인 경향, 즉 입으로 말하는 것을 좋아하고, 또 어떤 아이들은 '포옹과 터치'적인 경향, 즉 육체적인 관심을 필요로 하며, 그리고 다른 아이들은 비디오적인 경향, 즉 보는 것을 좋아한다. 부모들은 각자 아이들의 특성들을 잘 확인하고 거기에 맞추어 대화를 할 수 있어야 한다.

합당한 책임

일을 공유하는 것, 상호 즐거운 활동들을 개발하는 것, 협상하는 것, 필요할 때 적절한 도움을 주는 것, 특수한 공동 업무를 함께 하는 것, 각자의 목표를 지원하는 것, 부부 성장 프로그램에 함께 다니는 것, 그리고 필요할 경우 함께 상담을 받으러 가는 것 등, 이러한 것들이 합당한 책임에 속하는 일들이다.

건강한 성적 관계

부부에게 있어서 건강한 성적 관계는 매우 중요하다. 이러한 관계는, 필요, 선택, 욕구 등에 있어서 서로를 연결시켜 주고 이전에 겪었던 마음의 상처로 인한 심적 억제를 배려해 주고, 거부당할 것이라는 두려움과 관계없이 동의하거나 거부할 수 있도록 해 준다.

만일 여성이 어릴 때 성적으로 가해를 당했고 그녀의 남편이 그녀에게 강요된 성적 행위를 요구한다면, 그는 결국 그녀의 어릴 때의 가해자와 같은 자처럼 여겨질 것이며 그래서 그녀는 남편과 성관계를 갖는 것을 피하려고 할 것이다. 그녀가 이러한 문제를 충분히 이해하고 남편과의 성관계에 안정감을 가질 때까지는, 그녀는 그러한 관계를 갖는 것이 불편하다고 솔직히 말하는 것이 필요하다. 그래야만 나중에 그녀는 그러한 관계에 있어서 거부감을 갖지 않게 된다. 만일 남편이 그러한 관계를 계속 강요하게 되면, 그녀는 그를 과거의 관점에서 생각하게 되며, 그래서 문제는 계속 해결되지 않고 지속된다. 대부분의 여자들은 남자를 가해자처럼 여기기 때문에 그녀의 성적 반응에 있어서 결코 좋은 결과를 기대할 수 없게 된다.

영적 성장

영적 성장은 하나님과의 개인적이고 가족적인 관계를 포함한다. 이러한 일에는 가정과 교회에서 가족 활동, 개인적 예배 행위, 예배 형태와 교파, 신앙 활동 참여, 신앙과 교회에 대한 경제적 헌신, 신앙 자세와 전통, 어린 아이들의 영적 훈련 등이 있다. 가정에서의 영적 분위기는 상호 간에 교감할 수 있어야 한다. 부부는 영적 성장에 대해 늘 관심이 집중되어 있어야 한다.

건강한 관계를 위한 단계들

배우자에게 성적 매력을 가질 수 있도록 하라

성적 매력은 부부를 하나가 되도록 만들어 준다. 남편은 육체적으로 아내에게 성적 매력의 대상이 될 수 있어야 한다. 만일 아내가 정서적으로 건강한 여자라면, 그녀는 남편의 깊은 인격에 대해서 뿐만 아니라 그의 외모에 대해서도 관심을 갖게 되어 있다.

어떤 목회자가 이렇게 말한 적이 있다. "당신이 알다시피, 이런 육체적인 것에 대해서는 관심이 없어. 그런데 일생에 단 한번 한 여성이 내 인생에 들어오게 되었어. 그리고 나는 그녀에 대해 지독한 애정을 갖게 되었어. 내가 잘못된 게 아닐까? 나는 하나님의 사람인데. 난 목회자인데 말이야. 내가 어떻게 여성에게 애정을 갖게 되었지? 왜 이 일이 나로 하여금 이토록 힘들게 하는 것일까? 내가 어떻게 이런 죄를 지을 수 있는 것이지?"

이성에 대한 호감은 결코 죄가 아니다. 그것은 자연스럽고 육체적이고 감정적인 반응일 뿐이다. 그러나 결혼식은 마음과 생각과 눈을, 결혼 언약을 파기시키는 것들로부터 보호하는 사회적 장치다. 결혼 후에는, 이성에 대한 호감은 유혹에 해당한다. 이러한 유혹에 대해 우리가 반응하게 될 때 우리는 죄를 짓게 되는 것이다. 나는 "72시간 법칙"이라는 것을 시행하고 있다. 만일 누군가 다른 이성이 당신의 인생에 개입되어 들어오면 이것은 유혹이며, 그럴 때는 그 일에 대해 3일 동안 생각을 하지 마라. 그 다음에는 그 이성에 대한 생각이 다시 나게 된다고 할지라도, 당신은 그러한 일의 실체를 보게 될 것이며, 결국 그 호감은 사라지게 될 것이다.

바로 이 72시간 법칙은, 고통스런 문제를 해결하는 데 있어서도 적용이 된다. 만일 당신이 당신 인생에 있어 어떤 문제 때문에 심적으로 고통을 당하고 있고 괴로움이 아주 극심하다면, 그 문제 속으로 들어가 그 문제가 어디로부터 출발한 것인지를 확인하고 그것을 처리해야 한다. 72시간 이내에 그 고통은 사라지기 시작해야 하며, 그럴 때 당신은 터널 끝에 밝은 빛이 있음을 알게 될 것이다.

이 72시간 법칙은 다음과 같은 성경적 사실에 기초하고 있다. 즉 예수님께 있어서 금요일은 아주 극심한 고통의 날이었다. 하지만 결국 주일이 오지 않았는가. 예수님은 그의 고통 가운데로 들어가셨다. 그럼에도 주일에는 승리가 있었다. 나는 여러분에게 72시간 법칙을 적용해 보기를 강력히 권한다. 만일 당신이 고통 속으로 들어가 72시간 동안 몰두해 있다 보면 그 다음으로 찾아오는 고통해소의 체험을 하게 될 것이다.

72시간의 도중에, 당신은 어디에 몰두해야 하는 지를 잘 알게 될 것이다. 그래서 이러한 태도를 가져 보라. 즉 "나는 지금 어디로 가는 지를 알고 있어. 나는 하나님께 모든 것을 집중해야 해. 내 인생은 그분의 것이야."

친교를 증진시켜라

친교에는 4단계가 있다. 즉 (1) 그저 아는 사이 (2) 좀 가까운 사이 (3) 격의 없는 사이 (4) 친밀한 사이이다. 사람들과의 관계에서 아주 여러 번 만나다 보면 그저 아는 사이에서 친밀한 사이로 곧바로 발전할 수 있는데 여기서 문제가 자주 발생한다. 예를 들면, 당신이 어떤 사람에게 은밀하게 말한 것이 있다고 하자. 그런데 3일이 지나자 다른 사람으로부터 그 은밀히 말한 내용을 듣게 되는 것이다. 그때 당신은 비밀로 하자고 했던 그 사람에 대해 배신감을 느끼게 된다. 당신은 아직 가까운 사이로 발전되지 않은 사람들과 너무 많은 것을 공유한 셈이다. 당신의 친구가 누구인지를 잘 고려해 보고, 그들과 갖고 있는 관계의 형태를 생각하면서 적절한 친교를 나누도록 해야 한다.

쥬디와 나는 첫 결혼 시기에는 친밀한 사이가 아니었다. 결혼해서 함께 살고 잠자리를 같이 하는, 그저 아는 사이에 지나지 않았다. 우리 사이에는 공통된 것이 그 어떤 것도 없었다. 우리는 두 번째 청혼에서, 그저 아는 사이에서 격의 없는 사이로 발전했다. 그리고는 우리가 좀 가까운 사이로 나아갔을 때, 그녀는 비로소 나를 신뢰하기 시작했다. 그때에야 우리는 우리의 과거에 대해서 이야기할 수 있었고 또한 우리의 미래에 대해서도 이야기할 수 있었다. 이러한 과정을 거쳐 나는 이전에 내가 전혀 알지 못했던 쥬디에 관한 것을 발견할 수 있었다. 이러한 사실은 첫 번째 결혼 생활 전체에 걸쳐 알지 못했던 내용이다.

관계를 만들거나 또 회복하는 데는 기술이 필요하다. 먼저 친구가 되어야 한다. 당신 자신, 당신이 필요로 하는 것, 당신이 느끼는 고통에 대해 표현할 수 있는 능력을 잘 갖추어야 한다. 그리고 당신은 그러한 표현을 잘 할 수 있는 사람이라는 사실을 알고 있어야 한다.

누구에게든 결코 분노의 감정을 폭발시키는 사람이 되어서는 안 된다. 사람들과 서로의 필요를 확인하고 나면, 친밀한 사이의 단계에까지 이를 수 있다.

쥬디와 나의 관계가 발전되어 감에 따라, 나는 밤에도 함께 있으면서 과거에 전혀 느끼지 못했던 쥬디에 대해서 느낄 수 있었다. 이런 것은 우리가 결혼 전 처음으로 데이트를 할 때도 느끼지 못했던 일이다. 나는 어떤 대화를 해야 할까? 나의 문제는 무엇일까? 우리가 부부 생활을 할 때 나는 어떤 일로 고투하고 있었을까? 이런 의문들은, 우리가 재혼하기 이전에 내 속에서 오랫동안 지속되었다. 그리고 시간이 흐른 후 나는 나 자신에 대해 아주 솔직해지기로 결심했다. 왜냐하면 나는 내 생애를 다른 누군가와 함께 하고자 하는 준비가 되어 있었기 때문이다.

이런 기간 동안, 쥬디와 나는 종종 레스토랑에서 만나곤 했다. 그녀는 나를 다른 곳에서는 만나려고 하지 않았다. 레스토랑은 그녀의 마음을 편하게 해 주는 장소였다. 그녀는 내가 그녀를 차로 데려다 주는 것을 원치 않았다. 그녀는 직접 운전을 했는데, 이는 그녀가 나의 행동에서 어떤 두려움을 느끼고 있었기 때문이다. 나는 그녀의 이런 도피하려는 의도에 대해 어떤 행동도 취할 수 없었다. 나는 레스토랑 입구에서 가급적 가장 먼 거리의 장소에 앉아서 그녀가 자유스런 마음으로 떠날 수 있도록 해 주었다.

그러는 중에 나는 어떤 모임에 그녀와 함께 참석할 수 있는 기회를 얻었고, 그녀는 허락해 주었다. 하지만 그때에도 여전히 나는 그녀를 차로 데려다 주지 못했다. 그 이유는 그녀가 여전히 나에게 두려움을 갖고 있었기 때문이다. 그러나 얼마가 지난 후 결국 그녀는 내가 그녀를 차로 데려다 줄 수 있도록 허락하였다.

그렇지만 우리는 단 둘이 있을 때는 늘 군중 속에 있었으며, 그래야 그녀는 안전하다고 느끼는 것 같았다. 이렇게 많은 시간이 흐른 후에 우리는 전적으로 일대일의 데이트 시간을 가질 수 있게 되었고, 결혼, 정확하게는 재혼에 대해서 이야기할 수 있었다.

이제 우리는 사랑이 무엇인지를 알게 되었으며, 어떤 것이 사랑이고 어떤 것이 또 사랑이 아닌지, 그리고 성숙한 사랑과 성숙하지 않은 사랑에 대해서 이야기 한다.

관계에 있어 지속적인 결합은 계속 진행되어야 한다. 그리고 각자는 비 성적인 방식으로 상대방의 가치를 인정해 줄 수 있어야 한다. 이것이 성경의 가르침을 따르는 것이다. 지금 나의 아내는 자신이 사랑받는 존재가 되어 있다는 사실에 평안함을 느낀다. 이렇게 두 명의 개인이 '우리'라고 하는 새로운 실체를 형성하면서 함께 공유하는 삶을 살게 되는 것이다.

모든 결혼식에서 서로에 대한 헌신이 확인 또는 공표되며, 이때 그녀의 가치는 인정받는다. 그리고 관계가 올바로 이루어지게 된다면, 서로의 인간적인 정서적 결속은 평생 동안 지속된다. 우리 남자들이 반드시 기억해야 하는 사실은, 이러한 정서적 결속이 결코 중단되어서는 안 된다는 점이다.

우리가 배우자의 삶에 우리 자신을 지속적으로 연결시킬수록, 그 배우자와의 관계에서뿐만 아니라 자녀들의 반응에 있어서도 아주 긍정적인 효과를 얻을 수 있게 될 것이다.

당신이 당신의 자녀를 위해 할 수 있는 최상의 일은, 바로 당신의 배우자를 사랑하는 것이다. 그리고 당신이 부부로서 당신의 자녀들에게 해 줄 수 있는 최상의 일은, 관계를 이루어나가고, 갈등을 해소하고, 분노를 잘 다루며, 안정적으로 행동하고, 책임과 의무를 다하는 것이다.

아이들은 아버지와 어머니가 사이좋게 지내는 것을 볼 때에 발랄해지고, 안정감을 느끼게 된다. 그러므로 모두의 행복을 위해 부부 사이에 솔직하게, 그러면서도 새로운 방법을 받아들여야 할 것이다.

[도표 10]

건강한 관계를 위한 단계
(STEPS TO A HEALTHY RELATIONSHIP)

성적 친밀
만일 관계가 적절하게 이루어지면, 성적 결합이 평생 지속될 것이다.

헌신/결혼
아내의 가치가 세워진다, 아내는 안전감을 느끼게 되고 자신이 존재하는 것만으로 사랑을 받는다, 각자 다른 두 개체가, '우리'라고 하는 하나의 새로운 실체를 함께 만든다.

정서적 결합
(약혼)
일반적으로 1년을 넘지 않는다. 관계가 지속된다.

사랑의 정의
(관계의 안정)
사랑이란 무엇인가?
나는 배우자에게 내 자신을 맡길만한가?

관 계
8. 독점적(일대일)
7. 복수적(다수-편성)
6. 복수적(다수-무편성)
5. 본인 대 본인(내가 관계를 이루는 것을 평가하기 위해 내가 나와 대면하는 시간을 필요로 함)

친 교
4. 친밀한 사이
3. 좀 가까운 사이
2. 격의 없는 사이
1. 그저 아는 사이

애정의 선물

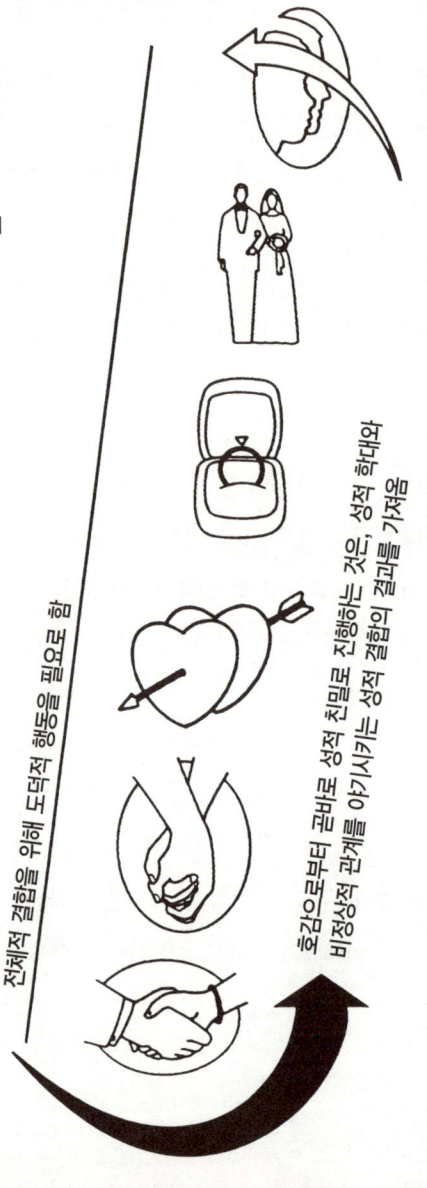

힘과 **지배**에 기초하여 세워진 관계는 자기 파멸을 가져온다.
우리는 정상적이고, 건강한 관계가 무엇인지를 이해하는 것이 먼저 필요하다.

분을 내어도 죄를 짓지 말며 해가 지도록 분을 품지 말고
마귀로 틈을 타지 못하게 하라 (엡4:26-27)

함께 생각해 볼 문제들

우리 그리스도의 몸 된 교회는 가정의 문제를 인식하고 책임을 질만큼 성숙해야 합니다.
설교 시간에도 이 문제에 대한 언급이 있어야만 합니다.
목사가 가정의 문제를 이해하게 될 때 성도들은 치유를 받게 될 것입니다.

당신의 관계의 정상 여부를 어떻게 측정할 수 있는가? 즉 당신은 건강하지 못한 관계의 사이클 안에 있는지를 어떻게 알 수 있는가? 만일 그러한 사이클에 속해 있다면, 당신은 무언가에 사로잡힌 것 같은 느낌을 가질 것이다. 이럴 때는 마음을 담대히 해야 한다. 아래에는 당신과 같은 사람들이 제기하는 가장 공통적인 질문들에 대한 대답을 제시하고 있다. 폭력을 당한 여성들의 문제에 대해 생각해 보자.

홀로 있게 되는 일

많은 사람들은, 홀로 있게 되는 일을 다른 사람들로부터 소외되고, 사랑과 관심을 받지 못하고 있다는 증거라고 생각한다. 실제로 이러한 느낌은 거부나 자존감의 결여에 대한 우리 자신의 두려움, 그리고 우리가 늘 살아왔던 인생의 방식으로부터 나온다. 하지만 인간은 누구나 가치와 의미를 가지고 태어난다. 시편 139편을 읽어 보자.

"주께서 내 장부를 지으시며 나의 모태에서 나를 조직하셨나이다 내가 주께 감사하옴은 나를 지으심이 신묘막측하심이라 주의 행사가 기이함을 내 영혼이 잘 아나이다 내가 은밀한 데서 지음을 받고 땅의 깊은 곳에서 기이하게 지음을 받은 때에 나의 형체가 주의 앞에 숨기우지 못하였나이다 내 형질이 이루기 전에 주의 눈이 보셨으며 나를 위하여 정한 날이 하나도 되기 전에 주의 책에 다 기록이 되었나이다."(시 139:13-16)

쥬디의 말을 빌리자면 이렇다. "나는 결혼한 후에 나의 남편 폴의 복제품처럼 되었다. 나는 나의 남편 안에서만 나의 존재와 가치를 발견할 수 있었다. 하지만 그 모든 것이 무너졌을 때 샴쌍둥이(두 사람의 신체가 붙어 태어나는 쌍둥이 - 역자주)가 스스로의 정체성을 갖지 못한 것과 같은 시련을 당했다. 나는 홀로 있게 된다는 것이 두려웠다. 왜냐하면 나는 나 스스로의 생각을 갖지 못한 꼭두각시와 마찬가지였기 때문이다. 그래서 나는 나 스스로 무엇을 어떻게 해야 할지 전혀 알지 못했다. 하지만 결국 나는 그것을 극복하고 스스로 무엇을 할 수 있는 능력을 가질 수 있게 되었다."

혼자가 된다는 것/ 이혼당하는 것

혼자가 된다는 것, 혹은 이혼당하는 것은 교회 안에서와 사회에서 늘 약점으로 작용한다. 이런 일을 당한 사람은 자신을 향해 고통스런 고백을 한다. "나는 짝 잃은 자에 지나지 않습니다." "나는 배우자를 행복하게 해 주지 못한 나쁜 사람입니다." "나는 가정이 잘 되도록 하는 일에 게을렀습니다." 하지만 다른 사람들은 그렇게 생각하지 않는다. 다만 당신 자신이 갖고 있는 오해 때문에 그런 생각을 하게 되는 것일 뿐이다. 당신은 인간적으로 당신이 할 수 있는 모든 노력을 다했다는 자신감을 가져야 한다. 그리고 이러한 부정적인 생각을 갖지 말아야 하며 자신을 비난하는 일을 멈추어야 한다.

폭력을 당하는 것

앞에서 진술했듯이, 일반적으로 폭력은 유년기 때부터 이미 시작된다. 많은 경우에, 학대는 가정 내에서부터 이루어지며, 몇몇 경우에 여성들은 가정 밖에서 당하기도 한다. 그리고 가끔은 이 두 경우 모두에 해당되기도 하여 피해자는 이중의 고통을 겪는다.

폭력 가정은, 상처를 해결할 수 있는 가정이 결코 되지 못한다. 이런 가정에서는 말하지도, 느끼지도, 신뢰하지도 못하며, 따라서 아이들은 심적 상처를 치료받을 수 있는 확신, 양육, 이해를 제공 받지 못한다. 아이들은 그러한 폭력의 책임이 가해자에게 있는데도 이러한 문제에 대한 배경지식이 없으므로 자기 책임인양 기만당하고 있다. 그리고는 이들은 평생 동안 늘 자기 의심에서 벗어나지 못하고 자신이 마치 폭력을 일으키도록 한 장본인인 것과 같은 마음을 갖는 등, 피해자로서의 삶을 살아가는 것이다.

이러한 오류를 극복하기 위해서, 우리는 스스로 삶을 영위해 나갈 수 있는 능력을 천성적으로 부여받았다는 것과, 그래서 새로운 인생을 살아갈 수 있다는 생각을 하는 것이 필요하다. 이를 위해서는, 지식, 이해, 그리고 지원 대책이 있어야 한다.

경제력이 없는 것

앞의 여러 곳에서 말했듯이, 정신적으로 성장이 멈춘 사람들은 언젠가는 위기점에 봉착하게 된다. 자신은 무기력하고 배우자에게 의존할 수밖에 없다고 여기는 의식에서 벗어나지 않는 한, 우리는 두려움과 염려 속에 갇혀 살게 된다. 이런 현실에서 우리는 자신을 통제할 수 있는 능력을 상실하고, 새로운 인생을 위한 입구를 찾지 못하며, 모든 기회를 상실하고, 자신의 인생을 다른 사람들에게 맡겨버리게 되며, 혼란을 겪고는 늘 어린 아이와 같은 마음으로 살아가게 된다. 그리고 우리는 마침내 정말 어려운 지점에 도달하게 되는데, 그것은 다름 아닌 경제적인 문제를 겪는 일이다. 우리는 "나는 어떻게 살림을 꾸려 나가지?" "나는 나와 애들에 대해 스스로 이 문제를 해결해 나갈 수 없지 않을까?" 등의 의문을 갖게 된다. 그리고는 무기력함과 절망감을 느끼게 된다.

하지만 당신 자신이 창조적이고 가치 있는 존재임을 발견하게 되면 당신은 당신의 삶을 스스로 관리해 나갈 수 있게 된다. 이를 위해서는, 당신에게 용기를 북돋워 줄 수 있고, 또 당신이 인생의 새로운 길을 발견하는 데 도움이 될 수 있는 친구를 사귀도록 해야 한다. 좋은 친구 관계를 발전시켜 나가는 일은, 당신의 약점들을 극복하는 데 가장 좋은 수단이 된다는 사실을 잊어서는 안 된다.

폭력을 당하는 아내들이 제기하는 질문

내가 남편을 떠나더라도 하나님께서 여전히 나를 사랑하실까요?

그렇다! 이혼은 용서받지 못할 죄가 아니다. 하나님은 인간을 행위 때문에가 아니라 존재 때문에 사랑하신다. 하나님은 폭력을 싫어하신다. 폭력은 하나님께로부터 나온 것이 아니다. 하나님은 물론 이혼을 싫어하시지만, 이혼을 하여 독립해서 사는 것 자체를 싫어하시는 것은 아니다. "이스라엘의 하나님 여호와가 이르노니 나는 이혼하는 것과 학대로 옷을 가리우는 자를 미워하노라 만군의 여호와의 말이니라 그러므로 너희 심령을 삼가 지켜 궤사를 행치 말지니라."(말 2:16)

성경은 별거와 이혼에 대해서 어떻게 가르치고 있나요?

말라기 2:16에는, 하나님께서 이혼을 싫어하시지만, 동시에 그의 아내에게 폭력을 행사하는 남자에 대해서도 싫어하신다고 기록되어 있다. 바울 역시 이렇게 말했다. "서로 분방하지 말라 다만 기도할 틈을 얻기 위하여 합의 상 얼마 동안은 하되 다시 합하라 이는 너희의 절제 못함을 인하여 사단으로 너희를 시험하지 못하게 하려 함이라." (고전 7:5) 합의하에 별거해서 기도를 하는 시간이라면, 이때는 가정폭력과는 무관하다.

우리가 운영하고 있는 '가정폭력상담소'(Life Skills)에서는 폭력을 행사하는 배우자의 변화를 위해 수년 동안 성공적으로 별거하여 살아갈 수 있도록 체계적인 교육을 시키고 있다. 그리고 배우자 각각을 위해 여러 지시 사항들, 정신적 성숙과 양육, 각자의 문제와 갈등에 대한 해결을 가져올 수 있는 시간과 공간을 마련해 두고 있다. 서로 계약을 하고 지침서에 따라 이행하기만 하면 된다.

성경은 우리들에게 음행의 이유 외에는 결코 이혼해서는 안 된다고 가르친다. 성경이 말하는 음행이 무엇인지 잠시 살펴보도록 하자. 로마서 2:22에는 이렇게 말하고 있다. "간음하지 말라 말하는 네가 간음하느냐 우상을 가증히 여기는 네가 신사 물건을 도적질 하느냐." 음행은, 육체적, 정신적인 것이며, 마음속의 환상까지도 포함된다. 예수님은 이점에 대해서 분명히 말씀하셨다. "나는 너희에게 이르노니 여자를 보고 음욕을 품는 자마다 마음에 이미 간음하였느니라."(마 5:28) 여러 경우에, 교회는 음행을 육체적인 것만으로 제한시켰다. 당신이 당신의 배우자보다 다른 어떤 사람에게 더 많은 관심을 가졌다면, 당신은 정신적 음행에 빠질 수 있는 위험한 상황에 처한 것이 된다. 그런 다음에, 육체적인 음행에 빠질 수 있기도 하며 실제로 빠지게 되기도 한다.

육체적 음행은 환상으로부터 시작된다. 마음은 그림, 즉 시각적 환상을 그리고 만들 수 있다. 그렇게 함으로써, 머릿속에서 더럽고 비현실적인 상상을 하게 되는 것이다. 환상은 당신이 보고 경험하고 욕망하는 것들에 기초하여 당신의 마음속에 음란한 욕구를 잔뜩 갖게 만든다. 그러한 상황이나 사람에 대한 환상을 5~7번 계속하게 되면, 마음속에는 그것이 마치 실제처럼 믿어지게 된다. 특히 이런 사람이 자기만족을 위해 환상을 사용할 때는 매우 위험하게 된다. 마음은 스스로 그린 그림을 보고, 육체는 그것에 반응하게 된다. 그리고 마음속에는 "이것은 실제적인 관계다"라는 메시지가 주어지면서 환상과 실제 사이의 장벽을 무너뜨리기 위해 마음속에서 일어났던 것을 육체적으로 실행하고자 하게 된다.

하나님은 폭력에 대해 어떻게 생각하실까요?

당연히 하나님은 폭력을 싫어하신다. 출애굽기 22:22에는 이렇게 기록되어 있다. "너는 과부나 고아를 해롭게 하지 말라." 그리고 예수님은 누가복음 4:18에서 다음과 같이 말씀하셨다. "주의 성령이 내게 임하셨으니 이는 가난한 자에게 복음을 전하게 하시려고 내게 기름을 부으시고 나를 보내사 포로 된 자에게 자유를, 눈먼 자에게 다시 보게 함을 전파하며 눌린 자를 자유케 하고." 다시 말라기 2:16을 살펴보자. "이스라엘의 하나님 여호와가 이르노니 나는 이혼하는 것과 학대로 옷을 가리우는 자를 미워하노라 만군의 여호와의 말이니라 그러므로 너희 심령을 삼가 지켜 궤사를 행치 말지니라." 그리고 시편 72:14에도 이런 말씀이 발견된다. "저희 생명을 압박과 강포에서 구속하리니 저희 피가 그 목전에 귀하리로다."

여자는 늘 남자에게 복종해야 할까요?

교회에서는 늘 남자는 여자의 머리로 인정되고 있으며, 그래서 남편은 아내에게 힘을 남용하고 폭력을 행사하는 경우가 허다하다. 하지만 복종과 관련하여 성경은, 아내가 남편에게 복종해야 하듯이 남편도 아내에게 복종해야 한다고 가르친다.

에베소서 5:25-28은, 우리에게 그리스도께서 우리를 위해 죽으셨듯이 남자도 자기 아내를 위해 목숨을 버릴 수 있을 만큼 되어야 한다는 사실을 일깨워준다. 성숙되지 못하고 폭력적인 남편은, 아내는 모든 일에서 남편에게 복종해야 한다고 말함으로써 아내에게 영적인 폭력을 가할 수 있다. 하지만 그는 남편이 아내를 위해 자기 목숨까지 기꺼이 줄 수 있어야 한다는 성경의 규정은 잘 모르고 있다. 이것이 더 큰 복종이 아니고 무엇이겠는가? 더 큰 복종은 남자에게 부과되어 있는 것이다. 베드로전서 3:5-6에는 믿음이 있는 가정에서 아내는 두려워하거나 놀라는 일이 있어서는 안 된다고 분명히 설명되어 있다. 이 구절은 전체적으로, 남편은 아내가 두려움이나 공포가 없는 아주 안전한 가정을 이룰 수 있어야 한다는 규정을 제시하고 있는 것이다. 이 규정의 나머지 부분들을 잘 살펴보도록 하자.

베드로전서 3:7-9은 계속하여 남편으로서의 행동양식에 대해서 이야기하고 있다. 즉 남편은 다음과 같이 행할 수 있어야 한다는 것이다. 생각이 깊고, 결혼 관계에 대해서 잘 이해하고 있으며, 육체적으로 더 연약한 여성을 존중하며, 자신과의 동등성을 인정하며, 같은 마음을 가지며, 동정심과 긍휼을 가지며, 정중하며, 부드러운 마음을 가지며, 겸손하며, 결코 악을 악으로 갚지 않으며, 욕을 욕으로 갚지 않으며, 비난하지 않으며, 혀로 좋지 않은 말을 하지 않으며, 심하게 꾸지람하지 않으며, 항상 축복하고, 아내의 건강과 행복을 위해 노력해야 하며, 아내의 안전을 위해 기도해야 하며, 진심으로 공감하고 진심으로 사랑할 수 있어야 한다.

만일 남편이 이러한 양식을 따르기만 한다면, 그 가정은 전체 식구 모두가 복을 받게 될 것이다. 이에 반해 남편이 이러한 원리들을 지키지 않으려고 한다면, 그의 기도는 방해를 받고 응답받지 못하게 될 것이며, 그는 효율적으로 기도를 하지 못하게 될 것이다(벧전 3:7).

하나님의 말씀과 관련하여 이러한 고찰을 해볼 때, 필자는 하나님께서 폭력을 행사하는 남자로부터 들으시는 유일한 기도는 회개의 기도뿐이라고 말할 수밖에 없다. 그의 다른 모든 간구들은, 하나님께서 폭력을 싫어하시기 때문에 들으시지 않는다.

나는 나의 친구들, 목회자, 상담자에게 무엇을 기대해야만 할까요?

교회에 다니는 여성 신자가 폭력을 당하는 사실을 알게 될 때, 같은 교인들과 친구들, 그리고 담임목사는 이 일을 모르는 체 하면서 그냥 덮고 넘어가고 싶어 한다. 친구들은 무엇을 말해야 할지도 모르거니와 그녀가 말하는 것이 사실인지에 대해서 의심을 하기도 한다. 그리고는 그들은 그녀 스스로 문제를 완전히 해결하기를 바라면서 이 사실을 기억 속에서 지워버리고 만다.

우리는 여기서 참된 친구가 누구인지에 대해 잠시 생각해 보자. 여기서 말하는 참된 친구란 배신당할 두려움 없이 자신의 모든 문제를 솔직하게 털어놓을 수 있는 그런 상대를 말한다. 이런 관계를 우리는 '신뢰관계'라고 말할 수 있다.

당신은 친구로서 폭력을 당하는 여성을 어떻게 도와줄 수 있는가?

- 그녀의 말을 듣고 그 말을 믿어주라. 그녀가 말하고자 하는 것을 잘 경청하며 가능한 한 오랫동안 그녀로 하여금 말하도록 배려하라.

- 진짜 관심이 있음을 보이라. 그 피해 여성은 당신이 진심으로 자신의 문제를 돕고자 하며, 또한 당신이 참된 친구임을 알고자 한다.

- 신뢰감을 주고 비밀을 유지하라. 피해 여성은 당신에게 말했던 것

이 비밀로 지켜지기를, 당신 혼자만 알기를 바란다.

- 인내하라. 그녀가 빠른 시일 내에 변화되기를 기대하지 말라. 만일 그녀가 긴급한 위험상태에 빠져 있다면, 그녀와 자녀들을 당신의 집에 데리고 와서 하루나 이틀을 머물러 지내게 한 다음, 당신이나 다른 누군가가 그들을 다른 안전한 장소로 옮기도록 해야 한다.

- 당신 스스로를 교육하라. 당신이 살고 있는 지역에 위치한 관청이나 봉사센터들을 알고 있어야 한다. 특히 폭력을 당하는 여성들을 위한 가정폭력 보호소나 봉사센터들을 평소 잘 알고 지내야 한다.

- 피해 여성을 격려해 주라. 그녀 자신에게 아직 기회가 있다는 사실을 이해시켜 주고 스스로 선택할 수 있도록 해야 한다. 그녀가 폭력을 당하는 상황에 머물러 있지 않도록 주의해서 지켜보아야 한다. 이것은 생명과 직결될 수 있는 문제다. 그녀에게 그녀는 지금 정신이 이상한 것이 아니라는 사실을 주지시켜야 한다.

- 남편의 폭력 행위에 대해 그녀는 아무 책임이 없다는 사실을 일깨워 주라.

- 하나님께서는 그녀가 폭력을 당하는 것을 바라시지 않는다는 사실을 깨닫게 하라. 하나님은 그녀가 사랑과 존경을 받으며 살게 되기를 원하신다.

- 그녀 자신이 유능하며 사랑을 받을 만한 사람임을 바라 볼 수 있도록 하라.

- 폭력을 당한 흔적들에 주목하라. 이러한 행위들에는, 여름에 긴 소매가 달린 옷을 입는 일, 실내에서 선글라스를 쓰고 있는 일, 사람들을 만나는 것을 피하는 일, 자신의 상처들에 대해 괜히 변명하는 일 등이 포함된다.

- 그녀의 아이들이 어려움을 당하지 않도록 해주라.

- 그녀와 함께, 그녀를 위해 기도해 주라.

해서는 안 되는 일들

- 폭력이 행사되고 있는 가정에 그녀가 머물러 있어야 한다고 말해서는 안 된다.

- 인내심을 잃어서는 안 된다. 비판적이 되려고 하거나 충고를 하려고 해서도 안 된다.
- 그녀가 폭력을 당하고 있을 동안 그녀의 정신이 이상해 보였다고 말해서는 안 된다.
- 그녀의 남편을 당신이 직접 만나려 하거나 이야기하려고 해서는 안 된다. 폭력적 상황에 개입하려고 하기보다는 경찰을 부르도록 하라.

많은 목사들은 폭력 상황을 알게 되는 것이나 그러한 상황에 개입하는 것을 꺼려한다. 왜냐하면 그들은 그런 일이 자신의 교인들 가운데서 발생하는 것을 원치 않기 때문이다. 우리의 가정폭력상담소(Life Skills)에서 실시하는 훈련과정을 밟고 있던 한 목사가 일어나서는 자신이 23년 동안 여러 도시에서 사역한 것을 강조하면서, 단 한 번도 정서적 혹은 육체적 폭력을 다루는 일에 간여하지 않았다고 진술했다. 그는 정서적 폭력과 육체적 폭력은 그리스도의 몸된 교회에서는 존재하지 않는다고 말한다. 두말할 필요도 없이, 많은 교회들이 이런 개념을 갖고 있다. 통계를 볼 때, 교인들 내의 폭력은 일반 세상 사람들 못지않게 많이 존재한다. 따라서 이 세상에는, 심지어 교회 안에서 마저도, 폭력을 당하는 여성은 도움을 받거나 소망을 가질만한 장소가 없다.

여기에서 다시 쥬디의 이야기를 들어보자. "나는 너무도 오랫동안 폭행을 당했고, 그래서 별거하고 또 이혼을 하는 등 내가 겪었던 경험에 대해서 말하고자 한다. 나는 말벗을 찾고자 교회를 갔지만 아무도 내 말에 귀를 기울여 주는 사람이 없었다. 목사도 마찬가지였는데, 그는 내게 시간 자체를 내어주지 않았다. 나는 한 부목사로부터 아주 간단히 머리를 손으로 치듯이 안수 기도를 받았는데, 그는 마치 내가 전염병이라도 걸린 것처럼, 그래서 나에게 병이라도 옮게 될 것처럼 여기며 두려워하는 것 같았다. 그리고 또 다른 부목사는 자신의 스케줄을 보면서 내게 이야기를 해 줄 시간이 도무지 없노라고 했다. 나는 그들이 독신녀나 폭력피해 여성에 대해서 부담스러워하며 그래서 그런 사람들과 접촉을 꺼린다는 느낌을 받았다. 목사들은 그런 여성들이 진술하는 대로 그 남편들이 행할 것이라고는 믿지 않는다. 그러한 남편들은, 교회에서 성가대원, 장로나 안수집사, 주일학교 교사, 혹은 목사와 절친한 친구일 수 있다. 가끔 우리는 폭력 문제를 갖고 있는 목사들도 있음을 본다. 본서는 뒤에 가서 이 문제와 관련해서 목사가 어떻게 행동해야 하는지에 대해서 다룰 예정이다."

많은 상담자들은 폭력 가정의 부작용에 대해서 배경 지식이나 사전 지식을 갖고 있지 못하다. 상담가를 찾아갈 때는, "가정 폭력을 다루어본 경험이 있으십니까?"와 같은 질문을 하고 이 문제에 대한 그의 배경 지식과 경험을 체크해 보아야 한다. 상담가에게 "가정 폭력과 관련되어 부부를 함께 상담하십니까?" 등과 같은 특수한 질문을 하는 것을 두려워해서는 안 된다. 그런데 만일 이에 대해 상담가가 "그렇습니다."라고 말하면 그는 가정 폭력을 상담해줄 자격이 없는 사람이다. 가정 폭력을 상담해 줄 수 있는 가장 중요한 규칙은 상담할 때 부부를 '각각' 따로 상담해야 한다는 사실이다.

내 남편은 나를 때린 적이 없어요. 하지만 무언가 잘못된 것 같은 느낌을 나는 받고 있어요. 내가 폭력을 당하고 있는 걸까요?

폭력에는 16개의 영역이 있는데 대부분 사람들은 육체적인 폭력에 대해서만 알고 있다.(제2장의 [도표 1]을 보라) 만일 당신이 무언가 두려움과 불안정을 느끼며 살아가고 있다면, 분명 무언가 잘못된 것임에 틀림없다. 이것은 일종의 정서적 폭력을 당하고 있을 가능성이 높다. 안정감을 가져야 하며, 이를 위해 계획을 세워야 한다.

어떻게 하면 남편으로 하여금 나를 돕도록 만들 수 있을까요?

당신은 그렇게 할 수 없다. 당신 스스로 자신을 도와야 한다. 당신이 스스로 당신의 인격과 가치를 개발시키고, 인생의 목표를 정하고, 올바른 삶을 살아간다면, 남편은 새로운 느낌을 받을 것이고, 자제력을 잃고 살았던 과거의 삶과는 다른 반응을 보여 줄 것이다. 만일 가정에 육체적 폭력 문제가 있다면, 이것에 대해서는 남편 자신도 알 수 있다. 전문 상담가는 이 사실을 보고 자신의 지도하에 서로 별거 생활을 하도록 조언할 수 있다. 가해자 남편은 자신이 버림을 당하거나 또는 버림 당할 것 같은 두려움 때문에 폭력을 행사하는 경우가 많다.

우리 부부가 함께 상담 받는 것은 어떨까요?

절대 아니다! 가해자 남편은 수년 동안 어두운 면을 숨기고자 하는 이중적 성격의 소유자다. 집 밖에서 그는 선하게 보이며 좋은 말만 골라서 한다. 그는 생존 기술을 잘 터득하고 있으며, 이러한 사실에 대해서 잘 모르는 상담자나 목사를 얼마든지 속일 수 있다.

폭력 가정에 대한 부부 상담은 다음과 같은 형태로 나타날 수 있다. 즉 그들은 함께 부부 상담을 받으러 와서 서로 화목하게 되기를 바란다. 남편은 사교적이고 좀 말이 많거나 어떤 경우에는 아주 말이 많을 수가 있으며, 자기 아내의 문제를 열거하면서 비난할 수 있다. 심지어 그는 신앙적 용어와 성경을 사용하면서 그 뒤에 자신을 숨길 수 있다. 만약 상담자가 그 남편의 아내에게 어떤 정서적, 성적, 혹은 육체적 폭력이 있는지를 질문하면, 그녀는 남편 앞에서 진실을 말할 수 없을 것이다. 그들이 상담을 마치고 집으로 돌아갔을 때 그녀는 그로부터 무슨 일을 당할지 몰라 두렵기 때문이다. 이처럼 그녀는 진실을 숨기기 때문에 상담가는 결코 그녀 마음속에 있는 진실을 찾아낼 수 없게 된다. 그래서 결국 그녀는 상담을 통해 어떠한 유익도 얻지 못하고 희망을 접게 된다. 두세 번의 상담 기간 동안, 상담가는 대개 여자의 문제들, 그녀의 침체, 그리고 이에 대한 치유 가능성 등에만 집중한다. 대개 남편은 자신이 더 이상의 상담을 필요로 하지 않는다는 사실을 상담가에게 인식시킨다. 그러는 동안 그는 자신의 아내로 하여금 그녀가 온전한 정신이 아니라는 사실을 은연중에 느끼도록 만든다.

본 '가정폭력상담소'(Life Skills)에서는, 상담을 할 때 안전한 장소에서 상대편 배우자 없이 여성들만 대상으로 상담을 한다. 상담자는 그녀가 말하는 것이 다른 사람에게로 새나가지 않을 것이라는 믿음을 가질 수 있도록 해 줄 필요가 있다. 상담 중에 그녀는 했던 말을 또 하고 또 하는 반복 양상을 보이기도 하는데, 정상적인 그녀에게 이런 현상이 일어나는 이유는 지금껏 숨겨왔던 이야기를 그녀로서는 처음으로 다른 사람에게 밝히기 때문이다. 이러한 사실은 상담자로 하여금 여성들이 당하고 있는 폭력에 대한 통찰력을 갖도록 해준다. 이것을 알고 나면, 상담자는 피해 여성들을 단독으로 상담하게 된다. 그래서 상담자는 가정에서 이루어지고 있는 폭력에 대한 정확한 지식을 갖게 되어 여성들에게 그 폭력의 책임성에 대해 잘 설명해 줄 수 있게 된다. 정서적, 육체적 폭력이 있게 되면, 본 가정 폭력 상담소는 9개월에서 12개월에 걸쳐 개인별 상담을 하게 되고, 그 다음에야 부부가 함께 상담 받을 수 있도록 하고 있다.

남편이 내게 처음으로 폭력을 행사했는데, 이러한 폭행이 다시 발생할까요?

대부분의 경우에 남편이 일단 아내에게 폭력을 행사했다면 나중에 다시 행사하게 된다. 사람은 갈등을 풀지 않은 채로 관계를 계속 유지하면 할수록, 분노는 더욱 격앙되며 통제 불능 단계까지 이르게 된다. 폭력은 마치 마약과 같아서, 늘 더 많은 갈증을 느끼게 된다. 폭력은 처음에는 언어로 시작하지만, 나중에는 벽이나 탁자를 치면서 공포감이 유발되도록 만든다. 그리고 폭력을 행하는 남편은 마침내 벽, 탁자를 치고 고함을 지르는 것으로 만족하지 못하고 그 이상으로 나아가게 된다. 결국 그는 그의 분노와 폭행의 대상으로서 아내를 택하게 되는 것이다.

우리는 25~30년간의 부부 생활동안 육체적인 폭력을 당해온 아내들을 상담한 적이 많다. 그런데 이런 여성들은 이와 같은 육체적인 폭력을 당하기 수년 전에 상담을 요청하여 도움을 받았어야 했다.

남편은 내가 만일 그를 자극하지 않았다면 폭력을 행하지 않았을 것이라고 말합니다. 그 말이 사실일까요?

그것은 사실이 아니다. 아내에 대한 폭력은 어떠한 이유로도 정당화 될 수 없다. 어쨌든 여성은 폭력을 당하고, 각종 가해나 육체적 상처를 당하는 일이 있어서는 안 된다. 여성은 자신의 감정과 견해를 나타낼 수 있는 표현의 권리를 가지고 있다. 따라서 여성은 자신의 걱정, 두려움, 생각을 표현할 수 있는 권리가 있으며, 중요한 일을 결정할 수 있는 권리를 갖고 있다. 여성도 남성과 마찬가지로 존중받아야 마땅한 하나의 인격체이다, 여성은 질문할 수 있는 권리를 갖고 있고, 정중하게 대답할 권리도 갖고 있다. 여성은 동의하지 않을 권리를 갖고 있고, 또한 남편과 대립적인 관계에 놓이지 않도록 문제를 해결할 수 있는 권리도 있다. 여성은 가정에서 안정감을 가질 권리를 갖고 있다. 하지만 폭력을 행사하는 남편에게는, 자기 아내가 자신과 인생을 함께하는 삶의 동반자라는 사실을 인식할 수 있는 능력이 없다는 데 문제가 있다. 그는 아내를 한 인격체로 보기 보다는 하나의 소유로 보며, 그래서 자신의 뜻에 따라 마음대로 폭력을 가하기도 하는 것이다. 그는 한 인간으로서 아내가 정당하게 가져야 하는 모든 권리가 자신으로 하여금 분노를 자극시키게 만들고, 자신의 권위를 약화시킬 것이라고 오해한다. 어쨌든 그는 자신의 반응적 행동에 대한 책임을 져야 한다. 반드시 자신의 분노를 자제할 수 있어야 하는데, 이를 위해서는 "시간 벌기(time-out)"를 하거나 상담을 받는 것이 좋다.

왜 나는 부부 관계에서 어린아이와 같다는 생각을 가지게 될까요?

부부 관계에서 폭력을 행사하는 남자는, 남편으로뿐만 아니라 아버지로서의 힘을 가지려 한다. 그에게 있어 아내는 단지 하나의 소유물에 지나지 않으며, 그래서 그는 그녀를 마음대로 조종하고, 지도하고, 자신의 복제품처럼 여긴다. 그리고 그는 그녀가 자신의 명령에 반항하거나 따르지 않을 때는 그녀에게 폭행을 가할 수 있는 권리가 있다고 생각한다. 올바르고 건강한 부부 관계에서는, 모든 문제를 어른 대 어른 수준의 대화로 해결하며, 갈등을 해소하고, 인격적인 성장을 이루며, 공고한 결합을 유지하려고 한다. 하지만 건강하지 못한 부부 관계에서는, 남편이 아내의 부모처럼 군림하려 하고 그녀를 어린아이처럼 여기면서 고통스럽게 만든다. 그래서 스스로 어린아이와 같다고 생각하게 되는 여성의 잘못 형성된 오해를 치유하기 위해서는, 정상적인 수준의 어른이 보이는 행동양식과 의식기준에 대한 이해를 돕고, 인격과 정체성을 발달시켜 줄 수 있는 전문 기관의 도움을 받아야 할 것이다. 이러한 치유과정은 긴 시간을 요한다. 그러므로 인내심을 가져야 한다.

나는 잘못된 모든 것들이 내 잘못이라고만 여겨집니다.

　폭력을 행사하는 남편은 자신의 인격이나 정체성을 전혀 발달시키지 못한 상태이다. 이런 남자는 늘 수치심의 구조 속에서 살아간다. 즉 그는 자신의 행동에만 관심을 갖고 인격에 대해서는 관심을 갖지 못하는 것이다. 그의 마음속에서는, 자신의 행동에 대해 생각하는 것과 자신의 인격에 대해 생각하는 것을 동일하게 여기는 것이다. 이것은 전형적인 어린아이의 특징 중 하나다. 그는 아주 어릴 때부터 다른 사람, 환경, 혹은 주위 상황에 대해서 늘 비난하는 것만 배워왔다. 그래서 그는 자신의 반응, 결정, 행동에 대해서 책임을 갖지 않는다. 그가 부부 관계를 유지하는 동안에는, 모든 잘못의 책임을 배우자, 자녀들, 상관, 목사 등등 주위 사람들에게 돌리면서 자신의 생존에만 급급하며 살아간다. 그는 결과가 좋은 경우 그것은 자기 탓으로 돌린다. 그리고 결과가 좋지 않으면, 그것은 남의 탓으로 돌린다. 그는 자기밖에 모르는 이기주의자이며 자신의 견해가 옳다고 다른 사람에게 확신시키려고 늘 노력한다.

왜 그는 데이트 할 때는 정말 대단한 사람처럼 보일까요?

　"여자는 남자와 데이트 하고 결혼은 소년과 한다."는 속담이 있는데, 이는 옳은 말이다. 폭력을 행사하는 남편은, 이중적 성격을 가지고 있다. 바깥 세상에 대해서는 항상 불안정한 모습을 보이면서도, 집 문만 닫고 들어오면 그와는 전혀 다른 강한 면을 보인다. 그는 지킬과 하이드의 인격을 갖고 있는 것이다. 자신이 여성에 대해 관심과 애정을 가질 때 그는 그녀에게 아주 친절하고, 사교적이며, 부드럽고, 자상하고, 정중하고, 좋은 남자처럼 보이려고 애쓴다. 하지만 이렇게 하여 자신의 뜻이 받아들여져서 그녀와 결혼을 하고 가정을 갖게 되면, 그는 완전히 돌변하게 된다. 그는 그녀를 소유하게 되었다고 생각하고는 느닷없이 소유권을 주장하는 것이다. 이제 자신의 목적이 성취되었고 그녀를 육체적으로 마음대로 해도 좋은 관계가 되었다고 믿기 때문에 그는 감추고 있던 자신의 정체를 드러내고서는 성주처럼 행세하려고 한다. 결혼 후에 남자는 24시간 하루 종일 계속하여 자신의 선한 면만 드러낼 수 없게 되고 따라서 아내는 남자의 좋지 않은 다른 면을 보게 된다.

나는 자녀들을 위해 폭행을 당함에도 불구하고 남편과 계속 살아야 할까요?

아빠가 엄마를 사랑하고 엄마가 아빠를 사랑할 때, 비로소 아이는 안정감을 가질 수 있다. 이럴 때만이, 아이는 안전하고도 활기차게 성장해 나갈 수 있다. 우리는 수년 동안 역기능 가정에서 폭력을 행하는 것을 지켜보면서 자란 아이를 살펴 본 적이 있다. 이런 아이가 어른이 되면 거의 아버지와 똑같이 폭력적인 모습을 드러낸다. 이런 역기능 가정에서 자란 여자 아이는 대부분 그녀의 어머니가 폭력을 당했던 것처럼 폭력을 당하게 된다.

쥬디의 이야기를 또 들어보자. "내가 폭력을 당했었기 때문에 이혼을 한 후에 내 자녀들은 분노로 가득 찬 아이가 되어 있었다. 내가 남편에게 분노를 갖는 것 이상으로 아이들이 나에게 더 많은 분노를 갖고 있다는 사실을 나는 나중에 알게 되었다. 왜냐하면 내 아이들은 내가 좀 더 일찍 이혼하지 않고 그대로 있음으로써 그토록 고통스러운 상황을 계속 겪게 했는지를 이해할 수 없었기 때문이다. 그들에게 있어서 집은 더 이상 안전한 곳이 아니었다. 남편이 다시 분노를 터뜨리고, 또 다음번에는 무슨 일이 발생할지 모르는 아이들에게 가정은 늘 걱정과 염려로 가득 찬 불안한 생활의 연속일 수밖에 없었다."

나는 남편에게 기회를 한 번 더 주어야 할까요?

　남자는 폭력을 행할 때 그에 따른 결과를 각오해야 한다. 마구 행동하는 아이가 그 잘못된 행동에 대한 결과에 책임을 져야 하는 것처럼 말이다. 폭력을 행하는 남자들은 대부분 어렸을 때 위협이나 경고 등은 들었지만 자신의 잘못된 행동에 대해서 직접적으로 책임을 지지 않는 가정에서 자란 자들이다. 이런 자들은 자신의 바깥 상황에 대해서 말하는 것을 배우며, 다른 사람들, 주위 환경 등을 비난하는 것만 배웠다. 이런 남자가 변하려면, 오랜 시간 제3자의 도움이 필요하다. 그는 스스로의 힘으로는 결코 변화를 이룰 수 없다. 그는 변화에 대한 약속을 할 수는 있지만 이에 대한 학습, 지식, 훈련, 책임 의식이 없이 변화는 불가능한 일이다. 이런 남자의 경우에는, 학습이 반드시 필요하다. 변화는 자연스럽게 저절로 이루어지는 것이 아니다. 폭력을 당한 여자는 이미 상처를 크게 입었고, 신뢰는 완전히 금이 갔으며, 오랜 기간에 걸쳐 희망은 사라져 버렸다. 오직 이 남자는 제3자의 도움을 받아, 자신이 변화 받았음을 단순히 약속이 아닌 행동으로 보여주는 것만 남았다. 언행일치를 향한 과정이 시작되어야만 한다. "행동은 말보다 큰 소리를 낸다."는 속담을 기억해야 할 것이다. 이제는 변화가 실제적 행동으로 나타나는 것이 중요하지 입 밖으로 뱉는 말은 중요하지 않다. 어떤 사람이든지 약속은 입으로 쉽게 할 수 있다. 하지만 언행일치는 실제적인 과정이며 시간을 필요로 한다. 즉 실제적인 변화에 이르는 과정을 밟아나가는 데는 숱한 노력과 시간의 흐름이 있어야만 하는 것이다.

나는 제한을 설정해야 한다는 말을 듣곤 합니다. 이 말은 무슨 뜻인가요? 내가 어떻게 제한을 설정할 수 있을까요?

대부분 폭력을 당하는 사람들은 관계 속의 개인적 영역 제한이 설정되어 있지 않은 가정의 출신이다. 어떤 사람에게 제한을 설정하라고 하면, 그는 두려움부터 갖게 된다. 하지만 이러한 일을 배우게 되면, 폭력 행위에 대해 도움을 주는 단체가 가정의 역기능을 제거해 줄 수 있으며, 무엇이 정상적인 것인지를 일깨워준다는 사실을 알게 된다. 이러한 단체는 그에게 정신적 성장, 갈등 해소, 남과의 교제, 분노를 다스리는 일, 정체성을 개발하는 일 등에 지원을 해 준다.

정상적인 것이 무엇인지를 알고 정체성을 개발시킴으로써, 나는 내가 피해를 입고 있으며, 따라서 폭력에 대해서 거부할 수 있는 능력을 갖게 된다. 어떠한 일에 대해 제한을 설정함으로써 "나는 당신이 내게 이런 일을 행하는 것을 다시는 허락하지 않겠어. 그런데도 만일 이런 일을 행하면 그에 따른 결과를 각오해야 할 거야."는 뜻을 전달하게 되는 것이다. 제한을 어길 시에 어떤 결과가 발생할 것인지 미리 생각해 두고, 끝까지 이러한 각오를 견지해 나가야 한다. 이런 결정에 의한 결과에는 경찰을 부르는 일, 철저한 별거, 고강도의 상담 등이 포함될 수 있다.

상담 중에 한 여성이 우리에게 자기 남편의 폭력에 대해 어떤 결과가 있도록 했는지에 대해 말한 적이 있다. 그녀는 결혼하는 날 남편에게 만일 그가 자신을 때리면 자신은 가만히 있지 않을 것이며, 그가 잠을 자지 못하게 할 것이라고 경고했다. 그런데 3주가 지날 때, 그가 그녀를 때리는 일이 발생했다. 그녀는 2주 동안에는 아무런 반응을 보이지 않으면서 기다리기만 했다. 그는 그녀가 그 폭력 사건을 모두 잊었다고 생각했다. 그동안 그는 낮잠을 자기도 하고 잠옷을 입고 잠을 잘 자기도 했다. 그러던 어느 날 그녀는 방안으로 들어가 그가 잠든 것을 보고 차고에 가서 약 1.2m나 되는 긴 널빤지를 들고 다시 방안으로 되돌아 왔다. 그리고는 그녀는 그의 넓적다리 뒤편에다 그 널빤지를 있는 힘껏 냅다 던졌다. 그는 자다가 고함과 비명을 지르면서 깜짝 놀라 일어났다. 그녀는 그에게 한 번의 기회도 더 주지 않고 곧바로 자신의 경고를 실천에 옮긴 것이다. "다시는 나를 때리지 마세요." 하고 그녀는 고함쳤다. 그는 그녀가 무슨 뜻으로 그렇게 행동하는지를 알았고, 그 이후 이 두 부부는 25년 동안 어떠한 육체적 폭력도 없이 살고 있다. 다만 불행하게도 그 25년 동안 그녀는 많은 정신적인 폭력을 당하기는 했다. 이 이야기에서 배울 점은 무엇인가? 바로 제한을 설정하는 일이다.

폭력을 행하는 남편이 제기하는 질문

왜 나는 스스로 통제를 하지 못할까요?

앞에서 보아왔듯이, 당신이 책임감을 가질 수 있는 나이가 되기 이전에 이미 정신적인 상처를 입었고 그래서 정신적 성장이 중지되어 있다면, 당신은 현재 '지시의 나이'에 머물러 있고 매우 의존적인 사람이 되어 있으며 스스로 결정할 수 있는 능력을 갖고 있지 못하다. 당신은 다른 사람들을 위해서는 결정할 수 있고 그들의 삶을 통제할 수도 있지만, 정작 당신의 삶에 대한 결정은 하지 못하고, 당신은 우유부단함, 환경, 상황, 그리고 다른 사람들에 의해서 좌우된다. 당신은 스스로의 삶을 통제하지 못하기 때문에 어떻게 해서든 환경, 상황, 그리고 주변의 다른 사람들을 조종하고 통제하고자 하게 된다. 이런 삶은 결국 카오스의 삶으로 진행된다.

나는 나의 행동을 싫어합니다. 왜 나는 그와 같이 행동할까요?

당신이 유년기에 정신적 상처를 입었다면, 당신은 결코 정서적으로 '결정의 나이'에 이르지 못하게 된다. 많은 경우에, 당신은 무엇을 행해야 할지를 알고 있지만, 결국은 단지 현실을 살아가야만 한다는 비이성적 신념 체계와 생존 방식을 따르게 된다. 당신은 마침내 당신이 싫어하는 것을 행하게 되는데, 왜냐하면 당신이 당신의 정신적 상처에 지배를 받고 그러한 상처를 전혀 치유하지 못한 상태이기 때문이다. 내면의 상처들은 어린 시기의 발달되지 않은 판단능력과 함께 잘못된 인식과 기준을 만들어냈고, 상처에서 비롯된 어릴 때의 경험과 판단의 오류들은 성인이 된 후의 삶에서 두려움과 불안감을 더욱

확대시켜 올바른 결정을 내리지 못하게 하는 것이다. 그러므로 당신은 당신이 행해야만 한다고 알고 있는 사실을 행하지 못하고 행해서는 안 되는 어린아이와 같은 행동만 하게 된다. 비록 당신이 선과 악이 무엇인지를 구별할 수 있다고 할지라도, 당신은 여전히 올바른 삶을 살지 못하게 된다.

나는 단지 아내를 속박할 뿐입니다. 그것도 육체적 폭력에 해당할까요?

그렇다. 이 책에서 우리는 다양한 영역의 폭력에 대해서 살펴보았는데, 속박은 육체적 폭력이라고 고려될 수 있는 영역 중의 하나에 속하며, 이는 범법에 해당한다. 많은 경우에 남편이 아내를 속박할 때는 이미 자신의 감정이 격앙되어 있을 순간이며 그래서 그녀를 속박하고 있는 그 자신의 힘이 어느 정도인지를 가늠하지 못하게 된다. 우리는 앞에서 속박을 당했던 여성의 경우에 대해 살펴보았는데, 남자가 별 것 아니라고 생각하는 그 속박 때문에 그녀는 그에게 저항조차 하지 못했으며 그녀의 팔 안쪽에는 손자국이 나게 되었다.

내 집은 나의 '성'(castle)입니다. 왜 아내는 내가 말하는 대로 행동하려고 하지 않는 걸까요?

이것은 중세적 사고에서 나온 것이다. 성경은 항상 부부가 결혼 관계에서는 함께 하나처럼 된다고 가르친다. 결혼식은 '우리'라고 하는 정체성을 창출해 준다. 참된 결혼 관계는 협력이자 팀 사역이다. 주어진 상황에 대한 아내의 입장과 견해는 가치 있게 존중되어져야 한다.

왜냐하면 아내는 상황에 대한 결정을 하고 그 실체를 파악하는데 보다 넓은 시각을 제공할 수 있는 다른 관점을 갖고 있기 때문이다(엡 5:28-30).

때로 나는 그녀를 사랑하면서도 또 때로는 그녀를 싫어합니다. 왜 그럴까요?

만일 당신의 유년기의 상처가 당신의 정신적 발전 과정을 방해하고 있다면, 당신은 당신의 내면의 인격과 성격을 결코 성장시킬 수 없게 된다. 그 반대로 당신은 참된 인격이 아닌 이중적인 인격을 발달시키게 된다. 이러한 이중적 인격은 자신에게 상처를 주었던 바로 그 사람의 인격과 같다. 이중적인 인격은 늘 다양하게 변하면서 자기 주변의 사람과 환경에 의존한다. 하지만 우리는 "두 마음을 품어 모든 일에 정함이 없는 자"가 되어서는 안 된다(약 1:8). 이러한 인격은 지킬과 하이드의 인격에 기초하고 있다. 우리 부모, 형제, 배우자, 자녀들, 친구들과의 관계에서 사랑과 미움이 발생하는 것은, 내면의 인격의 발전, 성장 등이 결여되어 있기 때문이다. 당신이 성장하고 성숙해 감에 따라, 당신은 하나의 마음이 되어 어린 아이의 것과 생각을 버리게 된다(고전 13:11). 이때 당신은 당신의 결정과 인생을 통제할 수 있게 된다. 사랑이란, 성숙과 헌신에 기초한 선택인 것이다.

만일 아내의 도움만 있으면, 모든 것이 잘되지 않을까요?

다시 말하지만 이러한 질문은 당신이 정신적인 성장이 고착되어 있기 때문에 나오는 것이다. 만일 당신이 부모에 의해 삶의 모든 것을 결정하는 연령인, '지시의 나이'에 상처를 입었다면, 당신은 평생을 당신의 일을 대신해 줄 엄마를 항상 찾게 된다. 이유는 당신이 당신의 문제를 해결할 수 있는 능력이 없기 때문이다. 당신의 나이는 어른이 면서도 아내에게서 엄마 상을 찾는다. 그래서 당신이 위기에 처하면, 당신은 아내에게서 엄마의 역할을 발견하려고 하고, 그래서 아내의 도움만 있게 되면, 만사가 잘 될 것이라고 생각한다. 하지만 이것은 당신 자신의 책임과 결과에 따르는 비난을 피하고자 하는, 즉 아내에게 전가시키려는 방식에 지나지 않는다. 이는 결코 핵심적인 문제를 해결해 주지 못한다. 왜냐하면 이것은 결혼 관계에서의 문제가 아니라 당신의 개인적인 문제이기 때문이다. 당신은 상담을 통해서 정말 도움을 받아야 할 사람이다.

왜 아내는 내가 바라는 방식으로 나를 사랑해 주지 않는 것일까요?

대부분의 남자들은, 결혼 관계에 있어서 사랑을 단지 의무나 성 역할을 의미하는 것으로 본다. 의무란, "나는 집세를 내어주고, 식료품비를 지불하고, 집을 제공한다." 등을 말한다. 그리고 성 역할은, "아내는 내가 의무를 다하는 댓가로 내가 육체적으로 필요로 하는 것을 돌보아 주고, 집을 청소하고, 아이들을 돌보아 주는 것"을 뜻한다. 이러한 생각을 남자들이 반드시 하는 것은 아니지만 일반적인 사회 통념상 그러하다. 어떤 사람도 '진짜' 사랑, 친밀함, 연합이 무엇인지를 가르쳐 주지 않는다. 그런데 성경은 우리가 이런 것들을 나이 든 사람들로부터 배워야 한다고 말하고 있다. 하지만 우리의 현실적 사회에서는, 가족은 너무도 상처를 받고 찢어져서 웃어른들로부터 이런 것들을 배울 수 없게 되었고, 어쩔 수 없이 우리는 스스로 생각하는 사랑을 창출해 내려고 노력하고 있는 것이다.

왜 아내는 더 이상 섹스하는 것을 원하지 않을까요?

　남성과 여성 사이에는 현저한 정서적 차이가 있다. 남성에게 있어서 성은 육체적인 것과 관련 있으며, 매우 짧은 시간에 집중되고 곧 시들어 버린다. 남성은 성을, 단지 성을 위한 성, 혹은 자기만족을 위한 성으로만 이해한다. 하지만 여성의 경우에 있어서 성은 자신의 전 인생의 일부이자 가장 중요한 요소를 차지한다. 여성의 마음속에 성은 보다 큰 그림을 유지한다. 이 그림은 곧, 자신과 자녀들을 위한 헌신, 연합, 친밀, 책임, 교제, 약속, 존경, 친절, 관심 등을 포함한다. 남편이 아내를 학대할 때, 아내는 그의 학대를 그녀가 성적인 매력이 없어졌기 때문에 그가 다른 여자를 찾아나서려 한다는 메시지로 해석하게 된다.

　결혼에 있어서 그녀의 성적 반응은, 데이트를 하는 기간 동안에는 친밀하고도 비성적(非性的) 친교를 발달시킴으로써 시작되며, 이러한 친교는 상호 신뢰를 기초로 한다. 서로 구애하는 기간이 진행되면서, 남자는 그의 비성적(非性的) 친밀함을 발전시킨다. 즉 그는 그녀를 알고자 하며, 그녀의 유년기의 경험들에 대해서 들으며, 그녀의 가족 배경에 대해서 알아나간다. 그는 그녀에게 경의를 표하며, 사랑을 세워나가며, 그녀의 존재 그 자체로 인해 그녀가 사랑을 받을만 하다는 사실을 그녀에게 확신시켜 준다. 결혼식에서의 비성적(非性的) 예절은 그녀를 명예롭게 하며 그녀 자신의 정체성을 확신케 해 준다. 그래서 우리 가정폭력상담소(Life Skills)는 비성적(非性的) 데이트에서 시작하여 아내의 명예와 가치를 세워나갈 수 있는 과정에 대한 교육을 시키고 있다.

아내는 집을 떠나야만 하지 않습니까?

'성주'(king of the castle) 문제에 대해서는 이미 앞에서 다루었다. 우리는 지난 25년 동안 가정 폭력 방지 운동을 전개해 오면서, 가정을 떠나야만 했던 많은 여성들을 보게 되었다. 다시 말하지만, 남자가 성주의 생각을 갖는 것은 고리타분한 중세적 사고에 지나지 않는다. 가족을 통제하는 남자는 또한 재정까지 통제하며, 그 결과 아내로 하여금 떠나도록 하여 스스로의 삶을 살도록 만든다. 그는 그녀를 폭행하고, 협박하고, 통제하고, 괴롭혔다. 이제 그녀는 아이들을 데리고 집을 떠나 피해여성보호소에 가야만 한다. 그녀는 거의 자신의 개인적 삶도 없고 거의 재정적 도움도 받지 못하면서 살아간다. 일반적으로 피해여성보호소에서 1~3주 동안 지내다가 다시 집으로 돌아간다. 그러면 싱크대 위에 가득 쌓인 그릇들, 여기저기 버려져 있는 쓰레기들, 그리고 거실과 방에 널려 있는 세탁물들이 그녀의 손길을 기다리고 있다. 이때 남편은 화가 치밀어 있는 모습으로 그녀가 이 모든 것을 정리해야 한다고 요구하며, 밤에는 섹스를 바란다. 이 경우에, 사실 남자가 이 모든 잘못의 원인제공자이며 아이들은 또 다른 희생자들이기 때문에, 정작 집과 가족에게서 떠나야 할 사람은 남자이며, 그는 떠나서도 그들에게 경제적 지원을 해 주어야 할 의무가 있다.

만일 아내가 어린아이처럼 행동한다면, 나는 그녀를 그러한 자로 취급해야 하지 않을까요?

결혼은, 상처를 받을 수 있고 또 여러 번 어린아이 같은 모습을 나타낼 수 있는 두 어른 사이에서 이루어지는 것이다. 그러나 이러한 일이 있다고 해서 배우자 한편이 다른 한편을 떠나게 하고 어린아이처럼 취급할 수는 없다. 만일 한편이 고통을 당하고 있다면, 다른 한편은 그에게 도움을 주고 격려해 주어야 한다. 만일 이러한 일이 자주 발생한다면, 이때는 상담이 필요할 것이다. 만일 남편이 아내를 어린 아이처럼 취급한다면, 그에 대한 그녀의 여성적 관심은 급격히 줄어들어 버릴 것이다. 남편이 아내에게 엄격한 부모처럼 행동한다면, 아내는 여성으로서의 마음을 닫아버릴 것이다. 성은 부모와 관련되는 것이 아니기 때문이다. 다시 말하지만, 행동은 말보다 더 큰 소리를 발하는 법이다.

나는 아내를 위해 최선을 다하는데, 아내는 왜 내게 그렇게 해 주지 않을까요?

너무도 많은 부부들이, "만일 네가 나를 위해 해준다면, 나도 너를 위해 해 줄 것이다."라는 생각을 갖고 있다. 이것은 자기중심적이고 어린아이 같은 사고다. 아이는 오직 보상에 의해서만 행동한다. 즉 "내가 이렇게 해 주면 무엇이 내게 돌아오는데."하는 것만 생각하는 것이다. 하지만 어른은 더 큰 그림을 볼 수 있어야 한다. 그 그림은 관계와 친밀함을 세워나가는 장기간의 연합 과정을 말한다. 하지만 폭력은 이러한 연합을 제거해버린다. 오직 자기 자신을 주고 어떤 보상도 바라지 않는, 무조건적 사랑만이 부부에게는 필요하다(고전 13장).

왜 아내는 늘 내 어머니처럼 행동하려고 할까요?

부모들이 자기 자녀들에게 보여준 모습은, 자녀들이 결혼했을 때 그들의 삶에서도 그대로 반영되어 나타난다. 좋아하든지 않든지 간에, 남자는 어릴 때 그의 어머니와 양면성, 즉 사랑과 미움의 관계를 가지면서 이것을 다루는 법을 배운다. 그리고 남자는 나이가 들어 데이트를 하게 되는데, 이때 남자는 의식적으로 자신의 어머니와 같지 않은 이성을 데이트 상대로 선택하기를 여러 번 희망한다. 남자는 자신의 부모와는 완전히 반대되는 사람을 택하기를 바라는 것이다. 하지만 여기에는 남자가 의식하지 못하는 중요한 내용이 숨어 있다. 즉 남자는 무의식 가운데 어머니와 같은 성향을 가진 여성에게 친숙함을 느끼며, 또 사람은 자신에게 친숙한 일을 쉽게 다룰 수 있는 능력을 갖고 있다. 왜냐하면 친숙한 일은 이미 꽤 오래도록 경험했기 때문에 다루기에 어렵지 않고 새로운 사고를 필요로 하지 않기 때문이다. 만일 남자의 정신적 발전이 중지되어 있다면, 남자는 무의식 가운데 어머니 역할을 하는 배우자를 선택하려고 하고 심지어 그녀를 자신을 돌보아 줄 어머니처럼 여기게 될 것이다. 그러면서도 남자는 한편으로 아내가 어머니처럼 훈계하려고 하는 모습에 대해서는 분노한다.

나는 아내를 그렇게 심할 만큼 괴롭히지는 않습니다. 그런데 왜 그녀는 과도한 반응을 보일까요? 나는 그녀에게 미안하다는 표현을 했는데, 그 정도면 충분하지 않습니까?

늘 남자는 그녀가 과도한 반응을 한다고 생각한다. 왜냐하면 남자는 자신의 행위에 책임지기를 원하지 않기 때문이다. 남자는 아내에게 심적 상처를 안기고도 그러한 사실에 대해서 책임을 지려고도 하지 않고 그 행동의 결과에 대해서 무관심하게 지내려 하며, 그녀의 말에도 귀를 기울이려고 하지 않는다. 아내는 대개 남자의 첫 번째 폭력에 대해서는 과도한 반응을 보이지 않는다. 처음에 남자는 자신이 미안하다고 말할 것이고, 그녀는 그의 이러한 말을 신뢰할 것이다. 그런데 시간이 흘러가면서 이러한 상황이 되풀이 되면 "미안해"라는 말은 그냥 아무 생각 없이 내뱉는 말이 되고 만다. 그러다가 시간이 더 지나면 "미안해"는 그녀로부터의 반격을 차단하기 위한 교활한 수단으로만 사용되어진다. "나는 미안하다고 말했어. 그런데 너는 무엇을 더 원하는 거야. 나를 무시하고, 고통스럽게 하고 죽이려고 하는 거야. 뭐야? 너는 나를 용서하고 인생을 함께 살아가야 해. 성경에서도 용서하고 잊으라고 말했잖아." 이것은 일종의 영적 폭력이며, 자신의 행동에 대한 책임과 결과로부터 도피하려고 하는 구실일 뿐이다. 지금 남자가 원하는 것은, 아내로부터의 감정적 대응과 발생한 당면 문제의 해결로부터 당장 피하는 것이다. 그는 자신의 잘못된 행동에 대한 책임을, 용서하지 않고, 잘 대해 주지 않으려는 그녀에게 떠넘기려는 것이다. 그는 폭력의 사이클, 즉 분노의 격앙, 학대, 그리고 온화한 허니문 단계를 지난 다음, 즉시로 섹스를 원한다. 하지만 이것은 사랑도 회복도 아니다. 단지 정복이며 학대의 또 다른 형태일 뿐이다. 그는 학대가 결혼 언약을 파괴시키는 것임을 알고 있다(엡 5:28-30). 가정 폭력은 율법을 어기는 것으로, 범죄 행위인 것이다.

나는 아내를 정말로 심하게 대하고 있는 것인지 모르겠습니다. 실제로 그럴까요?

우리가 비록 우리의 분노와 감정을 드러내지 않을 때에라도, 우리는 감정적으로 육체적으로 폭력을 행사할 수 있는 잠재성은 항상 갖고 살아간다. 우리의 분노와 격노는 대부분 유년기로 거슬러 올라간다. 문제는 해결되지 않고 곪은 채로 계속 유지되어 왔던 것이다. 이제 나이가 들어서, 우리는 그 곪은 상태의 정점에 이르게 된 것이다. 그러는 동안 분노는 우리의 제 2의 성격이 되어 있다. 우리는 쉽게 화를 내며, 생각도 없이 반응하며, 상황을 파멸로 이끈다. 그래서 자신이 사랑하는 주위 사람들을 힘들게 하고 고통스럽게 만드는 것이다. 자신이 사랑하는 사람의 마음을 아프게 하는, 이런 병적 현상에 대한 노래도 있었다. 자신의 아내를 괴롭히고 있는지 여부를 묻는 이러한 질문을 던지는 것 자체가 이미 도움을 필요로 하는 것을 의미한다. 이러한 자는 정말 도움을 받아야만 한다.

사적인 문제를 가지고, 왜 아내는 경찰을 부를까요?

아내는 폭력에 대해서 두려움을 느끼고 있다. 아내는 심한 폭력을 당할 때 영구히 상처를 입고 살해될 수도 있다는 생각을 갖는다. 살아 있는 사람은, 남자든, 여자든, 어린아이든, 결코 학대를 당하며 살도록 창조되지 않았다. 성경은 폭력문제에 대해서 명쾌하게 말하고 있다(시55편을 보라). 가정폭력은 범죄행위다. 사람이 학대를 당할 때, 이는 범죄행위가 이루어지는 것이며, 이에 대한 적절한 개입행위가 있어야 한다. 너무 많은 '사적 문제' 는 비밀을 유지하려는 여성의 삶에 큰 피해를 일으킨다. 대부분의 폭력적인 남편들은, 자신의 행위에 대해 책임을 져야한다는 사실을 깨닫지 못하고 있다.

왜 아내는 입을 다물고 있지 않고 말해 버릴까요?

이러한 질문은 이중적 인격의 소유자에게서나 나올 수 있는 것이다. 그는 자신이 모든 사람을 속일 수 있다고 생각한다. 그래서 어떤 사람도 자신이 그러한 폭력을 행하지 않을 것이라고 여긴다. 그런데 만일 아내가 그러한 행동에 대해 말해 버린다면, 이것은 그의 명성, 일, 사역, 사회적 지위, 사회생활, 부모와의 관계 등 모든 것을 파멸시키는 일이 된다. 폭행을 당한 아내는 늘 그 사실을 친구에게 말하는데, 그 친구는 이 사실을 믿지 않으려 한다. 친구는 그녀의 남편의 좋은 면만을 보아왔기 때문이다. 그래서 아내는 점점 혼자만 지내려 하게 되며 일이 잘못된 책임을 자신에게 돌리려고 하게 된다. 그러나 폭력이 계속되고, 더 이상 참을 수 없게 된 그녀는 기회만 주어지면 그것을 말해 버리는 것이다. 그러면 남편은 배신감을 느낀다. 하지만 오히려 그녀는 보다 일찍 도움을 요청했어야 했다. 그런 비밀을 유지해서 폭력이 지속되도록 해야 할 아무런 의미가 없는 것이다.

교회는 무엇을 할 수 있는가?

1. 도와줄 수 있는 준비를 갖추고 있어야 한다.

도와줄 수 있는 계획을 미리 수립하고 늘 준비를 게을리 해서는 안 된다. 만일 교회가 가족사역에 관심을 가지고 있다면, 체계적인 지원을 할 수 있도록 준비되어 있어야 한다. 교회가 위치한 지역의 전문가들과 함께 의논하여 가정 폭력에 어떻게 효율적으로 간여하고 피해 여성과 어린이들에게 도움을 주고 보호할 수 있는지를 의논해야 한다. 그리고 지역의 피해여성보호소와도 항상 연락을 할 수 있어야 한다.

2. 지속적인 도움을 유지해야 한다.

인내심을 가져야 한다. 가정폭력문제를 다룰 때 쉽게 도중하차할 수도 있다. 쉽게 결론이 나오지 않는다. 늘 가해자는 매사에 부정적이고 변화되기를 원하지 않는다. 또 피해 여성은 늘 큰 두려움에 사로잡혀 지낸다. 일을 하다보면, 예기치 않은 일이 일어날 수 있다. 심지어 역효과가 발생할 수 있으므로 주의해야 한다. 정서적, 육체적으로 고갈 상태에 이를 수 있으며, 몇 사람이 이 일을 감당하기에 역부족일 수 있다. 이러한 사역에는 광범위한 기도 후원이 필수적이다.

3. 가해자와 피해자 모두를 돕기 위한 지원 조직을 세워야 한다.

지원 조직은, 집안 일 돕기, 음식, 옷, 보호 기구, 전문적 상담, 범죄 전담반, 고용 서비스 등을 포괄한다. 교회는 피해자라면 누구든지 찾아 올 수 있는 곳이 되어야 하며, 신뢰성 있는 기관을 활용할 수 있어야 한다. 그리고 교회는 이러한 지원 조직과의 공동 협력에 초점을 맞추어야 하며, 이런 일을 모두 홀로 감당하려고 해서는 안 된다.

4. 가해자에게 책임 의식을 갖도록 해야 한다.

교회는 사회에 진리와 자비를 동시에 보여줄 수 있어야 한다. 남편의 육체적 폭력으로 인해 부부 사이에 별거가 있게 되면, 이 일에 대해 남편의 책임이 추궁되어야 한다. 더욱이 만일 이 일 때문에 남편이 고소를 당해 감옥에 가게 된다면, 그는 버림당해서는 안 된다. 그는 자신이 행한 것이 범죄에 해당한다는 사실, 그리고 하나님께서 폭력을 싫어하신다는 사실을 알아야 한다. 이 점에 대해서는 교회가 남편의 폭력에 반대하는 입장에 서 있어야 하지만, 동시에 그 남편에게 도움을 줄 수 있어야 한다. 그럼으로써 가해자 남편은 치유를 받을 수 있는 희망이 있게 된다. 그는 현재 특별한 상담을 필요로 하며, 이 일을 교회가 함께 하는 지원 조직이 감당해야 한다.

교회 목사와 상담자들이 제기하는 질문들

폭력적인 남자의 전형적인 표시는 무엇입니까?

르노르 워커(Lenore Walker)는 그녀의 책 '폭행당하는 여성들' (The Battered Women)에서, 폭행자들의 일반적인 특징들에 대해서 설명하였다. 폭행적인 남자들은 다음의 특징들 가운데 여러 모습들을 나타낸다.

1. 낮은 자존감을 갖고 있다.
2. 폭력적 행위에 대한 모든 신화들을 믿고 있다.
3. 남성적 우월성을 신뢰하는 전통주의자이다.
4. 자신이 행동하고도 다른 사람을 비난한다.
5. 과도한 시기심을 나타낸다. 안전감을 갖기 위해, 과도하게 아내의 삶에 간여한다. 다른 사람과 그녀와의 관계를 의심한다.
6. 이중적 인격을 드러낸다.
7. 심한 스트레스 반응을 갖고 있으며 이 기간 동안 그는 술을 마시거나 아내를 때리기도 한다.
8. 일종의 공격적 행동으로 섹스를 사용한다.
9. 그의 폭력적 행위가 부정적 결과를 가져올 것이라고 믿지 않는다. 특히 문제 자체를 부정하며, 아내가 사실을 공개하면 분노한다. 이때 과잉 행동을 나타낸다.
10. 폭력적 남편은 대부분 폭력적 가정 출신이다. 이러한 가정에서는 아내나 아이들에 대한 존중이 없다. 어머니와의 관계가 양면성, 즉 사랑과 미움 현상을 띠고 있다.
11. 종종 혼란스런 인격을 나타낸다. 홀로 지내기를 좋아하며 사회생활에는 피상적으로만 관계한다. 자신과 다르게 행동하는 사람들

에 대해 매우 예민한 반응을 보인다.
12. 폭력적 남자는 모든 사회적, 경제적 분야, 그리고 모든 교육, 인종, 연령에서 보편적으로 발견된다.
13. 충동 억제력이 약하며, 폭력적인 기질을 드러내며, 인내심을 갖지 못하고 쉽게 좌절해 버린다.
14. 탐욕적인 자아를 갖고 있다. 어린아이와 같은 자기애를 갖고 있지만 대개 가족 이외의 사람들에게는 나타내 보이지 않는다.
15. 겉으로는 변화와 발전에 대해 매우 가능성 있어 보이는 모습을 보인다. 즉 자주 미래에 대해 '약속'만 하는 것이다.
16. 스스로를 사회생활에 약한 사람이라고 생각한다. 그리고 마치 아내와의 관계가 자신이 경험한 가장 친밀한 관계이며, 가족과 늘 함께 하는 것처럼 말한다.

폭력을 행하는 자라고 의심되는 사람들에게 할 수 있는 질문들
1. 당신은 폭력적 가정에서 성장했습니까?
2. 문제를 해결하기 위해 힘이나 폭력을 사용하는 경향이 있습니까?
3. 알코올이나 약을 남용합니까?
4. 자신에 대해 비참하게 생각합니까?
5. 남자란 무엇이며 여자의 역할은 무엇인가 하는 것에 대한 전통적인 사고에 동의하십니까?
6. 아내가 만나는 모든 남자들, 또는 그녀의 여자 친구들에 대해서 시기합니까?
7. 늘 여자를 감시합니까?
8. 아내가 항상 어디에 있는지 알기를 원합니까?

왜 나는 부부를 동시에 상담해서는 안 될까요?

피해자 아내와 가해자 남편은 함께 상담 받으러 가서는 안 되고 항상 분리되어 각각의 문제를 가지고 상담 받아야 한다. 통계 자료에 따르면, 부부 문제의 90% 이상은 사춘기 이전의 문제와 관련되어 있다. 그리고 함께 받는 부부 상담에서 피해자 아내는 자신이 남편으로부터 당했던 폭력사건에 대해서 자유롭게 말할 수 없다. 이것은 피해자인 아내가 남편으로부터 보복으로 더 큰 폭력을 당하게 되는 치명적인 결과를 불러올 빌미가 될 수 있기 때문이다. 상담가는 가해자 남편이 항상 자신의 폭력 행위에 대해서 부인할 것이라는 사실을 인식하고 있어야 한다. 피해자 아내는 수치심과 두려움으로 인해 폭력 행위에 대해서 말하는 것을 꺼려할 것이다. 안전이 우선이고 그 다음에 상담이라는 사실을 잊어서는 안 된다.

나는 누구를 믿어야 합니까?

폭력 가정을 위한 상담 순서에 있어서는, 여성으로 하여금 따로 찾아오도록 하여 남편을 상담하기 전에 여성을 먼저 상담하도록 해야 한다. 앞에서 말했듯이, 만일 여성이 상담가에 대해서 안전감을 느끼고 배신당하지 않을 것이라는 확신을 갖게 되면, 그녀는 가정 내에서 발생한 폭력에 대해서 올바로 진술할 것이다. 여성의 80% 이상이 도움을 얻기 위해 맨 처음 목회자나 교회 상담가를 찾아간다(물론 우리나라 상황과 다르다 - 역자주). 그런데 폭력을 당한 이 여성들은 자신의 고통을 전달하려고 하지만 실패를 경험하고는 집에 돌아와 누구와의 접촉도 끊고 소망 없이 살아간다. 그녀가 자신에 대해서 잘 표현하도록 돕고 그녀를 신뢰해야 한다는 사실을 명심해야 한다.

나는 그들을 언제 분리시키도록 하는 것이 좋을까요?

육체적 폭력이 있는지를 물어 보아야 한다. "남편이 당신을 때렸습니까?", "당신은 위험에 처해 있습니까?", "남편은 그의 기분을 어떤 식으로 표현합니까?" 만일 가정에 육체적 폭력이 있는 것을 당신이 발견하면, 그들 부부를 분리시키려고 해야 한다. 또한 정서적 폭력이 지속된다면, 이때에도 분리의 필요성이 있는데, 다만 이 경우에는 상황에 따라 다르게 다루어야 한다. 법정에서는 정서적 폭력과 같은 것은 고소의 대상으로 여기지 않기 때문에, 이것을 폭력으로 입증하기가 어렵다. 육체적 상처는 사진을 찍을 수 있지만, 정서적 폭력은 눈으로 확인될 수 있는 것이 아니다. 정서적 폭력은 오히려 더 사람을 고통스럽게 할 수 있고 그 고통은 평생 지속될 수 있다. 본 가정폭력 상담소(Life Skills)는 조직적인 분리 시스템을 개발하여 상담가와 고객들에게 분리를 위한 도움을 주고 있다.

"슬기로운 자는 재앙을 보면 숨어 피하여도 어리석은 자들은 나아가다가 해를 받느니라."(잠 27:12)

나는 내가 사는 지역에서 어떻게 구체적으로 도움을 받을 수 있을까요?

피해여성보호소: 지역 사회마다 있는 피해여성보호소에 연락해서 구체적인 도움을 받을 수 있도록 해야 한다. 그러한 보호소가 몇 개가 있는지는 잘 알 수 없지만, 법정, 경찰서, 피해여성대처강력반 등에서는 잘 알고 있다. 어떤 여성이 폭력을 당할 경우에, 피해여성보호소에 전화를 하여 당신이 누구인지에 대해서 말하면서 상황을 설명하면 된다. 당신은 지역 사회와 관련되어 있으며 그 문제를 해결 하는 데 있

어서 도움을 주기를 원한다는 사실을 그녀에게 말해야 한다. 상담가 혹은 목사로서, 전화를 걸지 않고 그 보호소를 찾아가서는 안 된다. 왜냐하면 피해여성보호소는 여성의 안전과 확실성을 위한 엄격한 정책을 갖고 있기 때문이다. 교회의 공간을 지역 사회의 피해여성보호소가 언제든지 사용할 수 있도록 지원해 주며 어린이들을 위한 장소도 제공해 주도록 해야 한다. 교회 자원 봉사자들과 협력하여 의사나 법정에 찾아가는 일 등에 도움을 줄 수 있어야 한다. 혹시 그 봉사자들은 피해자들을 위한 생활공간을 마련하거나 아이들을 위한 장소를 위해 지원금을 요청할 수도 있을 것이다.

- 법적 지원 봉사 기관들 : 어떤 법적 봉사 기관들이 있는지를 살펴 보아야 한다. 위험에 처한 여성들을 위해 무료로 봉사하는 변호사들이 있는지도 알아보아야 한다. 폭력 여성들 문제를 취급하는 변호사들에 대한 정보를 살펴보아야 할 것이다.

- 병원 및 응급환자실 : 의사와 간호사들은 피해 여성들을 지원하기 위해 협력 체제를 갖추고 있다. 또한 그들은 피해 여성의 지원과 안전에 대해서 관심을 갖고 있는 목사나 상담가들을 환영한다.

- 사법 기관들 : 목사와 상담가는 사법 기관 사람들을 늘 접촉하면서 활동해야 한다. 담당자에 의해 체포가 어떻게 이루어지는지에 대한 사법 정책, 구금 정책, 감옥에 들어가는 시기 등에 대한 정보를 알고 있어야 한다. 현재 대부분의 기관들은 가정 폭력 전담반을 두고 있다. 그들은 또한 가정 폭력 문제에 대해 알고자 하는 사람들을 환영하며 목사가 찾아와서 가정 폭력 문제에 간여하고자 하

는 것을 반긴다. 특히 만일 목사가 가정 폭력에 대해 전문적인 훈련을 받은 사람이라면 더욱 좋아한다. 여성 신도들은 법정이나 피해여성보호소 등에서 지원자로 봉사할 수 있다.

목사가 피해 여성에게 해 주어야 할 역할과 책임

목사는 피해 여성의 일에 개입하기 전에 기억해야 하는 일이 있다. 그것은 그 여성의 아픈 마음과 같은 마음을 갖는 일이다. 그 여성과 아이들이 안전감을 갖도록 해주며 적극적인 지원을 해주어야 한다.

복종에 대해서 성경은 어떻게 가르칩니까?

이런 상황을 생각해 보자. 즉 교회의 한 여성 신자가 수년 동안 남편으로부터 폭력을 당해 왔다. 그녀는 남편에게 자신이 그 폭력 사실에 대해 목사에게 말하려고 한다고 이야기 한다. 그러자 남자는 그녀를 협박하고 목사를 심하게 비난한다. 하지만 여자는 어쨌든 상담 날짜를 약속했다. 그녀가 목사에게 자신의 고통에 대해서 이야기를 하고 목사는 그녀의 말에 의아심을 품으면서 그 남편이 그와 같이 행동하게 된 것은 그녀 때문이라고 말한다. 그녀는 폭력은 자신이 당했는데도 비난도 자신이 당하는 것처럼 느낀다. 목사는 그녀에게 남편에게 복종해야 한다고 계속 훈계하면서, 만일 그녀가 좀 더 요리를 맛있게 하고, 집을 좀 더 깨끗이 청소하고, 좀 더 매력적으로 행동하고, 좀 더 열심히 기도하고, 좀 더 그의 기분을 맞추어 주고 했더라면, 남편의 폭력은 중단되었을 것이라고 충고한다. 이런 상담은 위험하다. 그녀는 집으로 돌아오면서 패배감과 절망감을 느끼게 될 것이기 때문이다. 이것은 여자와 어린아이들에게 큰 위기가 오도록 할 수 있다. 아내가 문을 열고 들어가려 할 때, 남편이 큰 고함 소리를 지른다. "그 (거지같은) 목사가 뭐라고 말했어?" 그녀는, 목사가 자신에게 좀 더 요리를 맛있게 하고, 집을 좀 더 깨끗이 청소하고, 좀 더 매력적으로 행동하고, 좀 더 열심히 기도하고, 좀 더 그의 기분을 맞추어 주라고 했다. 그러면 폭력이 중단될 것이라고 충고했다고 그에게 말한다. 그러면 남편은 아주 기분 좋아하면서 목사가 자기편이라고 생각하게 된다. 심지어 그는 교회에 출석하고 목사와 친하게 지내려고 할 수도 있다. 하지만 여성은 이제 영적인 폭력에 의해 다시 한 번 상처를 당하게 된다. 우리가 앞에서 함께 보았듯이, 에베소서 5:22, 28-30에 따르면, 복종은 남편과 아내 양자를 위한 것이며 양자 모두에게 동일하게 적용되어야 한다.

만일 우리가 신실한 신앙을 추구하는 교회에서 믿음을 가질 수 없다면, 피해를 당하는 사람들이 어떻게 하나님께 대한 믿음을 가질 수 있겠는가? 대부분의 경우에, 사람들로 가득 차 북적이고 있는 교회에서 너무도 외로움을 느낀다. 그러므로 우리는 피해 여성에게 관심을 보이고 그녀를 신뢰해야 한다. 그리고 그녀에게 하나님께서 당신과 마찬가지로 그녀도 사랑하신다는 사실을 느끼도록 해주어야 한다. 폭력을 당하는 책임이 결코 그녀에게 있다고 느끼도록 해서는 안 된다.

폭력 남성들이 집사, 장로, 주일학교 교사일수도 있습니다. 내가 그랬던 것처럼

폭력적인 남자들은 각계각층의 사람들, 모든 국가, 모든 사회 영역, 모든 종교 영역에 걸쳐 있다. 이들은 지위, 수입, 배경에 무관하게 보편적으로 존재한다. 가정폭력이 많은 신실한 성도들의 가정에서 발견되고 있는 것을 알게 되면 우리는 심한 혼란을 느끼게 된다. 이 사실은 교회에서 분명히 다루어져야 하는 문제임에도 불구하고 대부분 무시되어지고 있다. 호세아서 4:6에는 이렇게 기록되어 있다. "내 백성이 지식이 없으므로 망하는도다." 우리 가정폭력상담소(Life Skills)는, 그리스도의 몸 된 교회가 마치 자신의 성도들 가운데는 이 문제가 존재하지 않는 것처럼 덮어버리기 보다는 이 문제를 솔직하게 다루도록 인도하는 데 많은 노력을 쏟고 있다. 폭력 가정에는 희망과 도움이 필요하다. 하지만 예레미야서 6:14에 기록되어 있듯이, "그들이 내 백성의 상처를 심상히 고쳐주며 말하기를 평강하다 평강하다 하나 평강이 없도다."

우리 그리스도의 몸 된 교회가 가정의 문제를 인식하고 이 문제에 대한 책임을 질만큼 성숙해야 하는 때가 되었다. 설교 시간에도 이 문제에 대한 언급이 있어야만 한다. 목사가 많은 가정들이 안고 있는 이 문제를 이해하게 될 때 실제로 폭력이 발생하고 있는 성도들이 치유를 받게 될 것이다.

참고문헌

Chapter 2

1. Lonni Collins Pratt, "God, Go Away," Herald of Holiness, August 1992, 26.
2. Televised news conference from the White House, Washington, D.C., CBS television network, March 1, 1989.
3. Murray A. Straus, Richard J. Gelles, and Suzanne K. Steinmetz. Behind Closed Doors: Violence in the American Family (New York: Anchor Press, 1981).
4. Statistics from the United States Federal Bureau of Investigation Report on Domestic Violence, Net Benefits "Cause of the Month," Internet site at. ⟨www.netbenefits.com/causes/html⟩
5. Surgeon General, United States Public Health Services, Journal of the American Medical Association 276, no. 23(June 17, 1992), 3132.
6. NBC Nightly News, NBC television network, October 1996. Also, "Domestic Violence," on the television series The Justice Files, Discovery Channel, 1998. Also, "The Facts," Family Violence Prevention Fund, Internet site, 1998.
7. "Fact Sheet," Colorado Coalition Against Domestic Violence, Internet site at ⟨www.psynet.net/ccav⟩, 1998.

8. R. A. Berk et al., "The Dark Side of Families," paper on Family violence research (Beverly Hills, Calif.: Sage, 1983).
9. "Fact Sheet," Colorado Coalition Against Domestic Violence, Internet site at ⟨www.psynet.net/ccav⟩, 1998.
10. P. Claus and M. Ranel, "Special Report: Family Violence," United States Bureau of Justice Statistics, undated.
11. Elizabeth Schneider, "Legal Reform Efforts for Battered Women," report (self-published, 1990).
12. "Fact Sheet," Colorado Coalition Against Domestic Violence, Internet site at ⟨www.psynet.net/ccav⟩, 1998.
13. "Forgotten Victims of Family Violence," Social Work, July 1982.
14. "Fact Sheet," Colorado Coalition Against Domestic Violence, Internet site at ⟨www.psynet.net/ccav⟩, 1998.
15. Straus et al., Behind Closed Doors.
16. Lucy Friedman and Sara Cooper, "The Cost of Domestic Violence," report from Victim Services Research Department, New York, 1987.
17. "Domestic Violence for Health Care Providers," report (Denver: Colorado Coalition Against Domestic Violence, 1991).

18. "Five Issues in American Health," report, American Medical Association, 1991.

Chapter 3

1. Berk et al., "The Dark Side of Families."
2. Adapted from L. E. Walker, The Battered Woman (New York: Harper and Row, 1979), 35-37. Used by permission.
3. Ibid., 31-33. Used by permission.
4. Adapted from V. Boyd and K. Klingbeil, "Behavioral Characteristics of Domestic Violence," report, n.p., 1979. Also Ruth S. Kempe and C. Henry Kempe, The Abused Child (Cambridge, Mass.: Harvard University press, 1978), 26-42. Also Kendall Johnson, "Children's Reactions to Trauma," Trauma in the Lives of Children (Claremont, Calif.: Hunter House Publishers, 1989), 33-61.
5. Quoted in Karen Burton Mains, Abuse in the Family (Elgin, Ill.: David C. Cook Publishing Co., 1987), 7-8.

Chapter 4

1. Personal interviews with Elden M. Chalmers, Bismarck, N.Dak., February 1993.

Chapter 7

1. "Battle of the Sexes," videotaped program moderated by Scott Ross, produced by The 700 Club, television program of the Christian Broadcasting Network, Virginia Beach, Virginia, July 19, 1991.

For Reflection

1. Walker, The Battered Woman, 35-37. Used by permission